Alfred Lichtwark

Studien

1. Band

Alfred Lichtwark

Studien
1. Band

ISBN/EAN: 9783741102349

Hergestellt in Europa, USA, Kanada, Australien, Japan

Cover: Foto ©Thomas Meinert / pixelio.de

Manufactured and distributed by brebook publishing software
(www.brebook.com)

Alfred Lichtwark

Studien

Hamburgische
Liebhaberbibliothek

Herausgegeben von der
Gesellschaft
Hamburgischer Kunstfreunde

Vertrieb durch die
Commetersche Kunsthandlung

Alfred Lichtwark

Studien

1. Band

Hamburg 1896

Gedruckt bei Lütcke & Wulff

Meiner Mutter

Inhaltsverzeichniß

Vorwort

Von Julius Lessing wurde ich zu Anfang der achtziger Jahre angeregt, über das künstlerische Leben Berlins zu berichten. Bis zum Herbst 1886 habe ich in der Gegenwart und in der National= zeitung die wichtigsten Erscheinungen regelmäßig besprochen.

Mit der breiten Entfaltung zu unsern Tagen verglichen, erscheinen die künstlerischen Zustände jener Epoche ärmlich und der politischen Hauptstadt Europas unangemessen. Eine Stadt von mehr als einer Million Einwohner besaß nur eine einzige permanente Kunstausstellung, die noch dazu in einer abgelegenen Gegend vegetirte und im Spätsommer und Herbst geschlossen wurde. Die Großen Kunst=

ausstellungen der Akademie fanden nur alle zwei Jahre statt und wurden vom Auslande kaum, von Süddeutschland noch wenig beachtet.

Ueber einen würdigen Ausstellungspalast, den München seit 1854 besaß, verfügte Berlin noch nicht. Als Kunstmarkt konnte es für moderne Kunst nicht neben München und für alte nicht neben Köln genannt werden, trotzdem es einzelne Kunsthändler von großem Ruf besaß. Kunstauctionen höheren Ranges waren sehr selten, die Berliner Gesellschaft als solche war mit dem Vergnügen, das der Besuch hervorragender Auctionen gewährt, wenig vertraut. Gesammelt wurde nicht sehr viel, jedenfalls nicht im Vergleich zu Paris oder London.

Bis 1886 gab es in Berlin keine einzige Kunstzeitschrift. Die Jahrbücher der königlichen Museen waren eine ziemlich interne Angelegenheit der Kunstverwaltung; der „Kunstfreund", der erste Versuch, im modernen Berlin ein Kunstblatt zu gründen, das zugleich das Publicum interessiren sollte, schlief sehr rasch wieder ein. Die deutschen Kunstzeitschriften erschienen in Leipzig und München.

Diese Thatsachen malen das Bild einer Gesellschaft, zu deren Bedürfnissen die Beschäftigung mit der lebenden Kunst noch nicht gehörte.

Aber trotzdem drängte sich in die kurze Spanne Zeit von der Eröffnung des Gewerbemuseums 1881 bis zur Eröffnung der Jubiläumsausstellung 1886 eine solche Fülle künstlerischer Ereignisse, daß man wohl von einer Keimzeit sprechen kann.

Das Gebäude des Gewerbemuseums bildet den Schlußstein der Epoche, die von Schinkel's Ideen beherrscht wurde. Es ist eine Prachtausgabe der Bauakademie. Während seine Gerüste noch standen, hatte in der Friedrichstraße die deutsche Renaissance, die das Stadtbild umzugestalten bestimmt war, 1880 mit den ersten Reclamebauten bereits ihren Einzug gehalten. Durch die Ausstellungen im Lichthof des Gewerbemuseums wurden in rascher Folge weite Gebiete der hohen und der angewandten Kunst erschlossen, deren Anschauung der Berliner Gesellschaft vorher fremd war. Die Eröffnung wurde durch eine Vorführung von Meisterwerken der alten indischen Kunst gefeiert. Eine Ausstellung von Gemälden japanischer Künstler aller Zeiten lehrte die Leistungen des japanischen Kunstgewerbes verstehen, die der Import einzuführen begann. Die Ausstellung alter orientalischer Teppiche leistete dasselbe für die Beurtheilung der plötzlich in Mode gekommenen echten Teppiche.

Zur selben Zeit eröffnete eine der Ausstellungen der Nationalgalerie einen Blick in die Welt der modernen englischen und französischen Radirung, und etwas später wurden an derselben Stelle die erreichbaren Beispiele farbiger Sculptur aller Zeiten und Völker vereinigt. Es ist heute, nachdem in Max Klinger's Salome das erste farbige Bildwerk auf weite Kreise überzeugend gewirkt hat, von Werth, die Ausgangspunkte der Bewegung zu betrachten, die in kurzer Zeit zu solchem Resultat geführt hat.

Eine von den Beamten der Museen organisirte Ausstellung von Kunstwerken aus Privatbesitz leitete eine neue Epoche für die Beurtheilung der Kunst des Rococo ein, und gegen 1886 wurde der erste Versuch gemacht, die Gestalt Rembrandt's durch eine Publikation den Gebildeten sympathisch zu machen.

Die königlichen Museen waren unter Schöne's Leitung in eine neue und glänzende Epoche eingetreten. Ganz Europa und in Folge dessen auch Berlin begann, die Wirksamkeit Bode's und Lippmann's, Lessing's, Curtius', Conze's, Bastian's und Humann's zu verfolgen.

Auch der Kunsthandel im modernen Sinne regte sich. Die entscheidende Periode der außerordentlich

einflußreichen Thätigkeit Fritz Gurlitt's liegt zu An=
fang der achtziger Jahre. Er wagte es, dem hohn=
lachenden Publicum Jahr für Jahr die neuen Werke
Böcklin's vorzuführen, er machte die Berliner mit
Thoma, Liebermann, Uhde, A. Hildebrand und
Volkmann bekannt und besaß die Kühnheit, die
Sammlung französischer Impressionisten des Prof.
Bernstein dem durchweg entrüsteten Publicum vor=
zuführen.

Mit der Jubiläumsausstellung änderte sich das
Bild. Der moderne Kunsthandel zog in Berlin ein,
permanente Kunstausstellungen bürgerten sich ein, und
ein festes Ausstellungsgebäude ermöglichte internationale
Jahresausstellungen, die — nicht zum wenigsten auch
wegen des Ausstellungsparks — das Rendezvous der
Gesellschaft wurden. Darauf ist dann das Interesse an
der Entwickelung der lebenden Kunst in breite Kreise
eingedrungen. Heute, zehn Jahre nach der Jubiläums=
Ausstellung, erscheinen in Berlin fünf Kunstzeitschriften,
sechs, wenn das Jahrbuch der Königlichen Kunst=
sammlungen eingerechnet wird.

Aus meinen Berliner Studien habe ich zusammen=
gestellt, was mir für die Bewegung der Jahre 1881
bis 1886 characteristisch erschien. Doch habe ich nur
wenige Aufsätze ganz abgedruckt, wie den für die

Preußischen Jahrbücher Ende 1881 geschriebenen über „Indische Kunst". In der Regel habe ich nur die Einleitungen und Excurse ausgewählt, die ein Bild der Zustände und Stimmungen geben. Der Anordnung habe ich ein bestimmtes Princip nicht zu Grunde gelegt. Wo es nöthig schien, wurde das Jahr der Entstehung angemerkt.

Alfred Lichtwark

Musik und bildende Kunst

I.

Wenn es möglich wäre, dann dürfte es an der
Zeit sein, durch ein Uebereinkommen dem Worte
Kunst einen neuen Inhalt, neue Affociationen zu
geben. Wo wir von Kunst reden, denken wir, wie
es unsere Väter und Vorväter gethan, zu allernächst
an die Malerei und Plastik. Wenn der Künstler
genannt wird, so steht vor unserm Auge ein Maler
in langem Haar, und das Kunstleben der Residenz,
ohne Zusatz genannt, bezeichnet fast ausschließlich die
Kunstausstellungen. Und doch hat sich, seit vor
hundert Jahren die bildende Kunst gleich Schnee-
wittchen in Schlaf sank, eine Verschiebung vollzogen,
die eine andere Kunst in den Vordergrund rückt. Es
sind nicht mehr Malerei, Plastik und Architectur, die
uns ins Innerste treffen, nicht Maler und Bildhauer
sprechen zum Herzen des ganzen Volkes. Die Musik

1

ist die Kunst unserer Zeit geworden, der Musiker
müßte der Künstler an sich sein.

Dies Verhältniß tritt greifbar deutlich an unsern
Kunstzuständen zu Tag. Das Musikleben fließt seit
Wochen in breiten Wogen, trotzdem ist die Höhe der
Fluth noch lange nicht erreicht. Erst Mitte November
hat dagegen der Künstlerverein in der Commandanten=
straße seine viertehalb Räume mit einer kleinen Anzahl
Bilder eröffnen können. Und dies ist die einzige
permanente Kunstausstellung einer Residenz mit mehr
als einer Million Einwohner. Wenn man die
Künstler und ihre nächsten Kreise abrechnet, wie
gering bleibt dann die jährliche Zahl der Besucher
des Kunstvereins. Trotz der Zugbilder und ähnlicher
Mittel, zu denen man schon gegriffen, dürfte das
Concertpublicum eines Abends hinreichen, um den
Jahresbesuch einer Ausstellung zu überbieten. Man
sollte einmal, soweit es möglich, den Concertbesuch
einer Saison mit dem der Kunstausstellungen
und Museen vergleichen. Wenn schon das quanti=
tative Uebergewicht des Concertpublicums die Schale
der Ausstellungen in die Höhe schnellen würde, so
kommt noch hinzu, daß die Museen ganz umsonst,
die Kunstausstellungen für ein geringes Eintrittsgeld
offen stehen, während die Concerte an die Cassen

derer, die Musik genießen wollen, ganz erhebliche
Ansprüche stellen. Wie würde es um den Besuch
der Kunstausstellungen stehen, wenn er auch nur ein
Opfer von vier Mark verlangte? Und auf der
andern Seite, was würden wir erleben, wenn
Beethoven's und Haydn's Symphonien, Wagner's und
Weber's Ouverturen auf Staatskosten umsonst zu
hören wären?

Dennoch glaube ich, wir stehen an einer Wende;
allmählich wird dem so lange bevorzugten und ein=
seitig ausgebildeten Ohr gegenüber das vernachlässigte
Auge sein Recht verlangen. Die Anfänge sind schon
erkennbar, es fehlt dem Publicum nur die Erziehung.
Vielleicht erleben wir es noch, daß einmal eine
andächtige Menge von einem Bilde begeistert, von
einer Statue erschüttert wird.

1883

1*

II.

So still wie in dieser Saison ist es lange nicht hergegangen. Noch hat kein Wanderbild die Reclame in Bewegung gesetzt, und weder die Ausstellung bei Gurlitt, noch die im Künstlerverein machte von sich reden. Die Plastik hat gänzlich versagt. Musik in allen Höfen, Musik in allen Häusern, Musik und wieder Musik in einem Dutzend Concerte und Concertchen an jedem Abend, während die bildende Kunst einsam steht wie ein Stiefkind im Winkel. Unsere Maler und Bildhauer könnten das Complott schließen, ein Jahr lang die Production einzustellen, und man würde es erst bemerken, wenn sie wieder zu arbeiten anfingen, oder überhaupt nicht.

Aber dabei schwillt und treibt es aller Orten wie in der Landschaft unter der Schneedecke. Was würden ein paar sonnige Tage für Wunder wirken! Man könnte Musikfeind werden, wenn man bedenkt, welche Unsummen in unserm armen Vaterlande alljährlich für musikalische Genüsse ausgegeben werden, wie viel

Zeit und Kraft wir auf einem Gebiete aufwenden, das für den nationalen Wohlstand unvergleichlich viel weniger Früchte trägt, als jede andere Kunstübung. Was für die bildende Kunst geschieht, hebt mit ihr das Niveau aller verwandten Leistungen. Die Musik steht allein da. Es führt von ihr kein Weg zu anderer Thätigkeit. Wie viele Millionen zahlt wohl das deutsche Volk alljährlich direct und indirect für seine Passion? Es zeigt sich auch darin wieder als Idealist, daß es sein Herz an ein volkswirthschaftlich unproductives Wesen gehängt hat.

Doch was hilft die Klage! Warten wir ab. Vielleicht wird in naher Zukunft ein neuer Wind die befruchtende Wolke der Volksgunst über den Acker der bildenden Künste treiben. Er hat lange genug brach gelegen und steckt voller Keime, die auf den Frühling warten.

1885

Publicum

Das moderne Publicum zerfällt nach seinem Verhältniß zur Kunst in drei Kategorien.

Für die breite Masse existirt nur, was in unsrer
Zeit geschaffen wird. Aus dem Erbe vergangener
Epochen kennt sie kaum einige der großen Meister-
werke, darunter fast gar keine Sculptur und an
Gemälden wenig mehr als zwei oder drei Madonnen
von Raffael, und auch diese nur im Stich. Die
Originale würden ihr sicherlich weit weniger behagen.
Ein altes Möbel, ein alter Einband sind ihr gerades-
wegs zuwider.

Einen gewissen Fortschritt bezeichnet die zweite,
weit kleinere Gruppe. Sie ist kunsthistorisch gebildet
und schwärmt für alles Alte und Alterthümliche. Es
giebt viele Grade dieser Befangenheit, die man in dem
Umfange seit Jahrhunderten nicht gekannt hat. Einer

ift auf eine einzige Periode verfeffen; er hat die
Pufchel der Gothik, des Quattrocento, des Rococo,
des Louis XVI — das find jetzt die Vornehmften —.
Andre haben keine ausgefprochene Vorliebe. Aber
in einem Punkte treffen fie Alle zufammen: fie
negiren die moderne Kunft genau wie die niedere
Schicht, über der fie fich erheben, die alle. Es giebt
für fie kein modernes Kunftwerk, an das fie glauben
könnten. Wenn fie die Gewohnheit hätten, ihre
Anfichten zu formuliren, fo würden fie fagen: eine
eigentliche Kunft giebt es in unfern Tagen nicht mehr.
Zu diefer Gruppe gehören viele Gelehrte, namentlich
Hiftoriker.

Die letzte Abtheilung bildet eine Selecta, in die
nur wenige gelangen. Sie vermögen fchlechthin zu
erkennen, was Kunft ift, einerlei, ob antik oder quattrocento, barock oder modern, japanifch oder englifch.
Die Wenigen, welche fich in diefer Fähigkeit zufammen-
finden, rekrutiren fich aus den verfchiedenften Ständen,
haben die verfchiedenften Bildungswege durchgemacht.
Manchmal find es Künftler, wenn auch weniger oft
als man denken follte, felten Gelehrte, zuweilen geborene
Erkenner, die den verfchiedenften Berufen angehören
können. Diefe find die Seltenften und die Sicherften.
Eine Berührung mit ihnen wirkt wie eine

Offenbarung, denn was sie als Gabe der Natur
besitzen, läßt sich durch Erziehung nie ganz erreichen:
Geschmack und eigenes Urtheil.

Aber sie spielen in unserm Kunstleben keine hervor=
ragende Rolle. Das große Publicum läßt die Kunst
über sich ergehen, wie das Wetter. Der Alterthümler
kritisirt sie in jedem Falle mit dem Material seines
historischen Wissens. Er ist nicht im Stande, etwas
Neues zu sehen, ohne sich sofort an Vergangenes zu
erinnern, ohne sofort mit dem Maße vergangener
Zeiten corrigirend und auch wohl züchtigend drein=
zufahren. Er verlangt, daß auch die moderne Kunst
beständig auf die alte sehen soll, wie ein Kind nach
dem Lehrer. Beileibe keine neuen Wege, denn da
läßt ihn sein Kompaß im Stich. Da er aber in
Büchern und Journalen das Wort führt und sich
zum Präceptor der ungelehrten Menge aufgeworfen
hat, so richtet er oft ernsthaften Schaden an. Der
Laie, der sich ungebildet fühlt, weil er das Alles
nicht so genau weiß und so sicher ausdrücken kann, wird
an seinem natürlichen Geschmack irre und bescheidet
sich in der Nachbetung. Schließlich läuft er, wenn
er es einigermaßen ernst meint, ebenfalls ein in den
Hafen der Alterthümelei, der vor den Stürmen der
Ungewißheit geschützt ist.

Indische Kunst

Seit im zweiten Drittel unseres Jahrhunderts die
ersten Versuche gemacht wurden, dem gänzlichen Verfall
unserer Gewerbe durch das Studium alter und fremder
Vorbilder aufzuhelfen, haben wir ein interessantes
Stück Entwickelungsgeschichte hinter uns.

Mit überraschender Klarheit und Sicherheit hatten
die Führer der Bewegung — es braucht nur Semper
genannt zu werden — Richtung und Ziel vor=
gezeichnet. Aber unbekümmert um die tiefere Einsicht
dieser Männer hat die Praxis alle falschen Wege
probirt, um auf allen umkehren zu müssen.

Im Anfang suchte man an den alten Mustern
nur die ornamentale Außenseite und vereinigte oft
an einem Werke die entlegensten Stile. Haben
wir doch in unserer nächsten Nähe ein kleines
Juwel classicirender Baukunst, dessen Innendecoration
maurisch ist! Nachher wurde man strenger und

hielt auf eine gewisse Stileinheit. Vom gräcisirenden Schinkelstil, von der nebenherlaufenden Gothik fiel man in's Rococo, um schließlich in der Frührenaissance oder im Barockstil das Heil zu erblicken. Dabei wurde von Jahrzehnt zu Jahrzehnt der Kreis der gelegentlich mitbenutzten Stile fremder Culturvölker erweitert, so daß wir in jüngster Zeit bei den Ostasiaten angelangt sind.

Aber nach jedem der Anlehnungsversuche mußten wir ein vollkommenes Fiasco erleben und haben uns beständig auf engere Gebiete zurückgezogen, bis gegenwärtig der Sieg sich der Renaissance zuzuneigen scheint, die nur in der Gothik einen ernstlichen Mitbewerber neben sich hat.

Gerade in diesem Augenblick scheint sich jedoch die Erkenntniß auch bei uns Bahn zu brechen, daß wir weit tiefer zu fundiren haben, daß wir energisch auf die Norm des Bedürfnisses und der Bedingungen des Materials zurückgehen müssen. Jetzt heißt es nicht mehr, von früheren Perioden entlehnen, sondern lernen. Unser materielles und ästhetisches Bedürfniß zu befriedigen vermag doch keine, auch die Renaissance nicht.

*　　*　　*

In diesem kritischen Momente ist die Ausstellung indischer Erzeugnisse, welche die Verwaltung des South=Kensington=Museums zur Feier der Neueröffnung unseres Berliner Kunstgewerbe=Museums veranstaltet hat, von doppelter Wichtigkeit. Mit einer großartigen Fülle von Material wird uns eine Industrie vor=geführt, die seit undenklichen Zeiten alle die Eigen=schaften besessen hat, die wir auf's Neue zu erwerben uns als höchstes Ziel vorgesteckt haben. Zwar hat auch sie ihre Wandlungen erfahren, und kaum giebt es ein Culturvolk der alten Welt, das nicht in der indischen Kunst seine Spuren zurückgelassen. Aber stets hat der indische Geist verstanden, das Fremde nach eigenen Gesetzen umzugestalten.

In jüngster Zeit hat allerdings auch die indische Kunst den zersetzenden Einfluß europäischer Cultur erlitten. Beispiele beklagenswerther Verirrung fehlen selbst unter den im Gewerbe=Museum ausgestellten Arbeiten nicht. Im Wesentlichen stammen diese jedoch aus einer Zeit, die in der alten Tradition beharrte.

Freilich läßt sich nur bei sehr wenigen Gegen=ständen die Entstehungszeit feststellen. Einmal ist die Geschichte der indischen Kunst überhaupt eins der schwierigsten Probleme, weil es in ihr so gut wie in der allgemeinen Geschichte des Landes jenseits der

islamitischen Eroberung an verläßlichen Daten fehlt;
dann sind gerade die schönsten und werthvollsten unter
den Schöpfungen indischer Kunst zu einer Zeit nach
England gelangt, in der man sich selten dazu verstand, über die örtliche Provenienz eine Aufzeichnung
zu machen. Nur, wo es sich um Curiosa handelt,
hat sich gelegentlich eine Tradition erhalten, z. B.
bei einem Thronsessel des Tippoo-Sahib. In den
meisten Fällen mußte sich das South-Kensington-
Museum damit begnügen, auf den gedruckten Zetteln
an den Gegenständen ganz allgemein „Indien" als
den Ursprung anzugeben, wobei jedoch nicht an die
ganze Halbinsel zu denken ist, sondern nur an die
Stromländer des Indus und Ganges. Historische
Angaben sind selten versucht. Dagegen konnten eine
Anzahl von Producten örtlich firirt werden, weil ihre
Technik bis auf den heutigen Tag an der alten Stätte
ausgeübt wird.

Daß alle näheren Angaben fehlen, ist um so
mehr zu bedauern, als sich an viele der Prunkstücke
große Erinnerungen knüpfen dürften, denn die Mehrzahl der Prachtgeräthe ist aus altem Besitz der ost-
indischen Compagnie in den der Krone übergegangen.
Dies unterscheidet die indische Ausstellung im Gewerbe-
Museum von der Sammlung des Prinzen von Wales,

die nicht nur zahlreiche Arbeiten in europäischem
Geschmack enthält, sondern sogar solche, die in Europa
für den indischen Markt angefertigt wurden. Neben
der Königin lieh der Herzog von Edinburgh einige
interessante Stücke seiner Sammlung. Anderes stellten
große Privatsammler wie der vormalige Vicekönig
von Indien, Lord Lytton, ein Sohn Bulwer's; dann
Sir G. Birdwood, von dem auch eine Abhandlung
über indisches Leben und indische Kunst, eigens für
die Gelegenheit geschrieben, der Ausstellung beigegeben
ist. Das sehr instructive Material an Abbildungen,
die Vorbilder aus der Textilindustrie und einzelne
Teppiche lieferte das South-Kensington-Museum, das
überdies mit seinem Material überall da einsprang,
wo die Privatsammlungen eine Lücke ließen.

Die große Opferwilligkeit, mit der die Königin und
die übrigen Aussteller so seltene Schätze den Gefährlich-
keiten einer weiten Reise aussetzten, findet ihr Seitenstück nur in der Umsicht und Liberalität, mit der die
Verwaltung des South-Kensington-Museums die Ausstellung arrangirte. Von deutscher Seite brauchte nur
der Raum geliefert zu werden. Der complicirte
Apparat an zerlegbaren Schränken und Gestellen kam
mit den Sammlungsgegenständen aus England. Wo
es irgend thunlich, wie bei den Waffen, hatte man

vor der Verpackung schon die Aufstellung besorgt,
und in den Waggons, die für jene erfolgreichen
Wanderausstellungen gebaut sind, die das South-
Kensington-Museum in den Provinzialstädten Groß-
britanniens veranstaltet, kam die ganze Ausstellung
hier an, ohne daß von den Eisenbahnbeamten eine
Kiste berührt worden wäre. Einer der Directorial-
beamten der indischen Abtheilung, Mr. Wallis, durch
längeren Aufenthalt mit unseren Verhältnissen vertraut,
ordnete sie in kürzester Zeit; und zu ihrem Schutze
blieb während der ganzen Dauer nur ein Inspector
der Metropolitan Police, Mr. Winkler, ein Deutscher
von Geburt, in Berlin zurück.

Die Sammlung füllt den großartigen Lichthof des
neuen Prachtbaues, der von vornherein für Leih-
ausstellungen reservirt geblieben ist. Große elfenbeinerne
Prachtsänften mit zierlichen silbergestickten Kuppeln,
in mehreren Stockwerken aufgebaute siamesische Ehren-
schirme, zierliche Wagen und Kanonen bieten dem
Auge zwischen den langen Reihen der Schränke
feste Ruhepunkte und verleihen dem Gesammteindrucke
der Ausstellung etwas imposant Geschlossenes. Die
Prunkwaffen, die Arbeiten in edlen Metallen und
Gesteinen nehmen fast die eine Hälfte des Raumes
ein; Elfenbeinarbeiten, Holzschnitzereien, Lacke, Gewebe

füllen die andere Hälfte. Für die großen Teppiche
boten nur die Riesenwände der beiden Treppenhäuser
den genügenden Raum.

* * *

Den Ausgangspunkt für unsere Betrachtung soll
nicht eins der großen Prachtstücke bilden, sondern das
weniger in die Augen fallende Modell eines indischen
Hauses aus Surat an der Westküste. Der Anblick berührt
nicht so fremdartig, wie man wohl glauben sollte,
denn das schräge Ziegeldach, die säulengetragene
Vorhalle und die Anordnung der Räume — ein=
stöckiges Vorder= und Hinterhaus durch einen Lichthof
getrennt — würden auch unsern Bedürfnissen nicht
widersprechen. Aber die bunte Bemalung der Mauer=
flächen, die Elephantenkämpfe in den Giebeln führen
uns in ein Land mit hellerer Sonne, und die ver=
schwenderisch über das ganze Balkenwerk der Fassade
ausgesponnene zierliche Schnitzerei weist auf fremde
Arbeitsverhältnisse. Es dauert eine Zeit, ehe sich das
Auge in der scheinbaren Ueberfülle von Schmuck
zurechtfindet und im Stande ist, Einzelheiten zu
erfassen. Mit Staunen erkennen wir in den Säulen
der Vorhalle einen Typus, der mit seinen beiderseits
weit ausladenden Deckplatten in eine Zeit zurückführt,

welche die griechischen Ordnungen noch nicht kannte.
Es ist dieselbe Säule, die wir aus den Ruinen des
alten Perserreichs kennen gelernt haben.

Aber an dem indischen Hause herrscht noch der reine
Holzstil und giebt uns um so mehr zu lernen, als
wir die ornamentalen Einzelheiten nicht ohne Weiteres
verwenden können. Es ist ein wahres Labsal für das
Auge, in dem üppigen Wachsen und Blühen des Schnitz=
werks die Unterordnung in Bezug auf Construction und
Material zu empfinden. Keins der Bauglieder wird
verhüllt und entstellt, und jede Bewegung des Ornaments
berücksichtigt die Holzfaser. Hierin ist der Bau, an
den gute Photographien die Erinnerung festhalten
sollten, für unser Schaffen unmittelbar vorbildlich, und
es ist auffallend, wie nahe sich Einzelnes mit den
constructiv gesunden Arbeiten gothischen Stils berühren.
So die Thüren und die Fensterladen, deren ganzer
Schmuck in der reich und kräftig durchgebildeten
Abfasung des Rahmenwerks besteht.

Die offenen Läden des Hauses gestatten einen Blick
in das Innere der Gemächer, die außer der bunten
Bemalung von Wand und Decke keine weitere Aus=
stattung als Matten und Ruhelager enthalten, denn
das indische Haus ist noch ärmer an Mobiliar als
das classische. Kennt es doch den Stuhl nicht einmal

für Repräsentationszwecke, da man in dem heißen
Klima die kühlen Luftzüge am Boden ausnutzen
muß, denen wir uns durch die Erhöhung des
Sitzes und Lagers entziehen. Auf den ausgestellten
Photographien indischer Fürsten sitzen einige auf
Stühlen, aber man sieht ihnen das unbequeme der
Lage nur zu deutlich an. Mit dem erhöhten Sitze
fällt auch das ganze System der hohen Tische und
ihrer zahllosen Abarten, die bei uns das verfeinerte
Bedürfniß geschaffen, — allerdings auch bei uns erst
spät, eigentlich erst im Rococo, denn das Zimmer des
siebzehnten Jahrhunderts ist noch wesentlich einfacher.
Ebensowenig konnten sich in Indien die (übrigens
auch bei uns noch sehr jungen) Aufbewahrungsmöbel
mit Schubkasten entwickeln, da für die einfache
Garderobe der Bewohner die uralte Lade vollkommen
ausreicht. Somit bleibt für die Ausstattung des
indischen Zimmers nichts anderes übrig als Teppich
oder Matte, Kissen und der Apparat von Gefäßen,
Servirbrettern und kleinen, niedrigen Tischen. Wir
dürfen uns darum nicht wundern, daß auf der
indischen Ausstellung die Möbel fehlen, die für uns
vom allergrößten Interesse hätten sein müssen.

Zum Glück bleibt in den Schränken mit kleineren
Holzgeräthen zu lernen genug. Mustergültig sind

2

vor Allem die einfachen Kasten aus schweren Hölzern, an denen keine Säulen und Gesimse, Nischen und Balustraden der Brauchbarkeit Eintrag thun. Sie sind aus schlichten Brettern zusammengefügt, und das flachvertiefte Ornament, daß alle Seiten gleichmäßig überzieht, dient zugleich dem practischen Zweck, der anfassenden Hand einen Halt zu gewähren, ohne sie dabei nach der Art unserer architectonischen Ornamentation zu gefährden. Einlagen von Elfenbein oder Metall= drähten werden auf den niedrigen Tischen und andern Geräthen angebracht, die ihrer Bestimmung gemäß besser glatt bleiben.

Die eigentlichen Elfenbeinarbeiten haben uns ent= täuscht. Sie sind entweder modern nach europäischem Geschmack oder gleichgültig. Nur einen Kasten mit schönem Ornament möchten wir ausnehmen und einen alten polychrom behandelten ·Kamm. Wie sehr das kalte Material durch künstliche Färbung gewinnt, lehren in den Sammlungen des Gewerbe= museums die wundervollen grünen Schachfiguren des pommerschen Kunstschrankes und die zierlichen chinesischen Schnitzereien, die es den Bemühungen des Oberst v. Brandt verdankt. Imponirend kommt jedoch das Elfenbein an den Sänften und Elephantensatteln zur Geltung, in deren Aufbau es das Holz ersetzt. Doch

ist es hier nicht ohne Zuthat verwendet. Bei zweien
überzieht die ganzen Flächen ein zartes vergoldetes
Ornament; bei der Staatssänfte, die den Mittelpunkt
der Ausstellung einnimmt, wirken die starke Vergoldung
und die leuchtenden Farben — blau, roth, grün —
gegen den Ton des Elfenbeins. Aber gerade hier
wird es evident, wie nothwendig dem Elfenbein die
Farbe ist.

Dem Elfenbein in der Behandlung ähnlich, nur
weit origineller und geistreicher, sind die Schnitzereien
in schwarzem Marmor und Seifenstein aus Agra.
Auch hier hilft die Vergoldung zu herrlichen Effecten.
An den Wunderbau des Taj Mahal in Agra, dessen
weiße Marmorflächen nach der Art des Florentiner
Mosaik mit bunten Edelsteinen ausgelegt sind, knüpfte
vor dreißig Jahren ein englischer Beamter die Erneuerung der Technik, die er auf das Kleingewerbe
anwandte. Was an Kästchen, Schaalen, Dosen und
dergleichen Dingen ausgestellt, ist im Ganzen wenig
erfreulich. Das starke Weiß des Grundes läßt die
Farben der viel zu magern Einlagen zu keiner
harmonischen Wirkung kommen.

*   *   *

Wenn bei den bisher besprochenen Industrien die Farbigkeit eine nur mäßige war, entfaltet sich die ganze Pracht und Gluth des Orients bei den Lackarbeiten und den in Ornament= und Farbengebung oft nahverwandten Geweben und Stickereien. Gemeinsam haben sie auch den Vorzug, daß ihre Farben nicht chemische Abstracta sind, sondern pflanzlichen oder thierischen Ursprungs, daher bei aller Pracht dieselbe Milde bewahren, die wir bei den Farben der organischen Natur bewundern. In neuester Zeit verwendet allerdings auch Indien, das wohl die meisten und schönsten natürlichen Farbstoffe besitzt, das unselige Anilin. Die schreienden Töne einiger der großen Teppiche dürften auf seinen Einfluß zurückzuführen sein.

Das Material an orientalischen Lackarbeiten ist auch im Kunstgewerbemuseum vorzüglich und besonders instructiv, weil die nahverwandten nur etwas mehr naturalistischen persischen mit den indischen zu einer Gruppe vereinigt sind und beide in demselben Saal durch die Leistungen der Japaner und Chinesen ihre Ergänzung finden. So hatten die Holztassen, Kannen und Servirbretter für Eiskaffe, die mit dem Shawlmuster Kaschmirs bedeckt sind, die Kästchen in Elfenbeinfarben mit zierlicher Vergoldung, die Bambusdosen und Schreibzeuge für uns ein vertrautes Aussehen.

Zahlreich und in mannigfaltigster Durchbildung ist eine Art Lack-Sgraffito vertreten. Zwei oder drei Schichten, meist grün, roth und schwarz, letzteres zu oberst, werden über einander gelegt, und man schabt und schneidet das Ornament je nach der gewünschten Farbe tiefer oder flacher ein. Bei aller Einfachheit ist die Farbenwirkung sehr reich.

* * *

Die ausgestellten Erzeugnisse der indischen Textil-industrie erstrecken sich vom einfachsten bedruckten Kattun bis zu Wunderwerken wie der kostbare Kaschmirshawl, den die Königin geliehen hat. Die Kattune, seit mehr als hundert Jahren die Vorbilder unserer europäischen Fabrikate, führen uns die leicht bewegten Flächenmuster vor, die in unserer Behandlung so schnell ihre ursprüngliche Grazie verlieren. An die reichen Muster und die wunderbaren Farben der Rajputana Kattune hat sich die europäische Industrie freilich nie gewagt, denn unsere Toilette hat für sie keine Verwendung und für die Decoration der Wände verschmäht man sie, weil der Stoff nicht kostbar genug erscheint. Proben indischen Wandbehanges aus Baum-wolle liefern die herrlichen Kattunmalereien aus Masulipatam, die zugleich von der strengen Symmetrie

des indischen Ornaments ein lehrreiches Beispiel geben.
Ein Geflecht aus schlanken Bambusstämmen bedeckt
gleichmäßig die ganze Fläche, doch so sorgfältig ge=
ordnet, daß die rechte Hälfte ein genaues Spiegelbild
der linken ist. Die Vögel in den Zweigen sind
symmetrisch einander zu= oder abgewendet, symmetrisch
sind die Umrisse des Ufers, an welchem der Baum
aufsprießt, symmetrisch schwimmen in dem Wasser
die Fische zwischen den watenden Vögeln, die sich
ebenfalls in Haltung und Bewegung der Ordnung
des Ganzen fügen. Man sagt, daß ein Inder, dem
man einen Blumenzweig zu malen giebt, ohne
Weiteres erst Blätter und Blumen gleichseitig ordnet.
Dieses Streben nach Symmetrie ist, wie der Sinn für
die strenge Profilirung der Gefäße, ein Erbtheil
arischen Blutes, beides Eigenschaften, die die Kunst=
thätigkeit der Inder von der ihrer nordöstlichen Nachbarn
in China und Japan unterscheidet.

Künstlerisch weniger wichtig, aber interessant durch
die außerordentliche Feinheit des Gewebes sind die
indischen Musline. Sie werden trotz der europäischen
Concurrenz noch immer in ganz Indien verfertigt.
Meist sind es einfach weiße Gewebe, deren poetische
Namen „Abendthau", „fließendes Wasser", „gewebte
Luft" einen Begriff geben, wie sehr man sie schätzt.

Ihren Schmuck erhalten sie durch eine Stickerei, die
an Leichtigkeit mit dem Stoffe wetteifert. Originell
ist dabei die Verwendung metallisch glänzender
Käferflügel und kleiner runder Stücke Spiegelglas.
Während bei den Kattunen und Musselinen die
verhältnißmäßig jüngeren naturalistischen Formen die
Ornamentation beherrschen, fällt die Urthümlichkeit
der indischen Kunst nirgend so stark in die Augen
wie bei den Prachtgeweben aus Seide und Gold.
Nicht nur die strengeren Pflanzenformen gemahnen
an Assyrien und Babylon, sondern auch die bildlichen
Darstellungen der Tigerkämpfe, der Fürsten auf der
Jagd sind directe Verwandte, vielleicht gar Nach=
kommen ähnlicher Motive der untergegangenen Cultur
des Euphrat=Tigris=Stromlandes. Die technische
Vollendung dieser auf den ursprünglichsten Webestühlen
gefertigten Brocate ist so außerordentlich, daß wir sie
mit den complicirtesten Mitteln nicht erreichen. Vor
Allem zeichnen sie sich trotz des reichen Goldschmuckes
durch Leichtigkeit und Geschmeidigkeit aus, während
unsere Brocate hart und steif sind.

Die Stickerei in Gold, Silber und Seide hält zwar
an dem uralten Plattstich fest, dessen Entstehung
jenseits des Ursprungs der Weberei liegt, aber die
Muster sind im Gegensatz zu denen der Gewebe stark

von der Kunst des Islam beeinflußt. Die Vollendung und Sicherheit der Technik ist nur durch alte feste Tradition zu erklären und findet ihr Gegenstück nur in Japan und China. Auch in den Teppichmustern ist das islamitische Element unverkennbar. Hier verläßt man in Indien, wie es scheint, seit uralter Zeit, die aus der Technik entspringenden geometrischen Muster. Das indische Museum besitzt einen Baumwollenteppich aus Bengalen, der für eine Copie jener prächtigen assyrischen Teppiche gelten könnte, deren Nachbildung in Stein die Ausgrabungen zu Tage gefördert haben. Doch ist er nachweislich lange vorher in London bekannt gewesen.

*   *   *

Relativ bedeutend niedriger als die Textilindustrie steht die indische Keramik. Zwar verfügt sie über eine Anzahl schöner Glasuren, darunter ein leuchtendes Türkisblau, ein sattes Braun und Grün; zwar sind die Formen von derselben Richtigkeit und einfachen Schönheit wie die der Metallgefäße, aber Prachtleistungen, wie sie uns die chinesische und japanische Töpferkunst bescheert, giebt es in Indien nicht. Es handelt sich im Wesentlichen um veredeltes Gebrauchsgeschirr, und das Berliner Gewerbemuseum hat mit

Recht sämmtliche indischen Thonflaschen und Krüge
mit dem sogenannten „Bauerngeschirr", d. h. der
nationalen Gebrauchswaare der verschiedenen Völker
vereinigt.

Das Porzellan ist in Indien niemals so populär
geworden wie die ebenfalls aus China eingeführte
Seide. Die Ursache dieser auffallenden Erscheinung
liegt wohl im Ritus, welcher verlangt, daß die
irdenen Trink= und Eßgefäße nach einmaligem
Gebrauch vernichtet werden. Da lohnten sich kost=
bares Material und eine sorgsame Durchbildung
nicht. Dennoch gehören die indischen Thonwaaren
zu den am meisten vorbildlichen. Sie sind von
vollendet schöner Silhouette und so practisch wie wenig
andere für Fassen und Gießen vorgebildet. Ihre
Ornamentation ist der Technik angemessen breit und
kräftig, wenn auch dieselben Formen zur Verwendung
kommen, die wir bei der Textil= und Metallindustrie
in Gebrauch finden. Ueberaus lehrreich ist es, zu
verfolgen, wie dasselbe Ornament so ganz verschiedenen
Character trägt, je nachdem es durch die Hand des
Webers, des Töpfers oder des Metallarbeiters geht.

*　　*　　*

Der Schwerpunkt der indischen Gefäßbildnerei liegt in der Metallindustrie. Die Ursache ist dieselbe rituelle, die die Entwicklung der Keramik gehemmt hat. Nach der Vorstellung des strenggläubigen Hindu erlangt ein Metallgefäß nach dem Gebrauch durch Berührung mit der Flamme seine ursprüngliche Reinheit zurück. Mit richtiger Würdigung der hohen Vorbildlichkeit hat das South-Kensington-Museum eine möglichst vollständige Uebersicht der Formen und Techniken auf diesem Gebiete zusammengestellt, und bei der Schönheit der ausgewählten Beispiele dürften wir von ihnen wohl den unmittelbarsten Einfluß auf unsere Luxusindustrie zu erwarten haben. Kupferne und messingne Gebrauchsgeschirre verbietet uns leider unser feuchtes Klima.

Bei der schwülstigen Ueberladung, in die der Inder sonst so leicht verfällt, wenn er plastisch arbeitet, ist die große Einfachheit der Umrisse, die Sparsamkeit der Profilirung seiner Gefäße doppelt auffällig. Er giebt nie mehr, als zur Sonderung der Theile durchaus nothwendig ist. Wo er überflüssig ist, wird der Henkel vermieden, und nie kommt es vor, daß er, wie so oft an unsern Erzeugnissen, rein decorativ angesetzt wird. Auch die Buckelung, die der Technik des Treibens so nahe liegt, ist selten.

Aber die Umriſſe ſind bewundernswerth, und an
Zierlichkeit und Zweckmäßigkeit des Aufbaues
darf ſich mit der indiſchen Gefäßbildnerei nur die
griechiſche meſſen.

Allein während der Grieche in der beſten Zeit auf
das Ornament faſt ganz verzichtet, iſt der Inder
bemüht, die ganze verfügbare Fläche des Gefäßes zu
ſchmücken. Doch wird die Wirkung der Umriſſe
nicht im Mindeſten dadurch beeinträchtigt, denn das
Ornament hält ſich, in welcher Technik es entſtanden
ſein möge, ſtets in derſelben Unterordnung. Es will
nur in ſeltenen Fällen ſelbſt betrachtet ſein, und ſogar
bei guten Arbeiten iſt auf Detailformen ſo wenig
Gewicht gelegt, daß ſich das Auge von ihnen bald
wieder zum Eindruck des Ganzen wendet. Doch
herrſcht hier eine große Mannigfaltigkeit. Bald wird
das ganze Gefäß mit einem fein ciſelirten oder ge=
triebenen Rankenwerk überzogen, deſſen Wirkung nur
darauf ausgeht, die blanke Fläche zu beleben, eine
Technik, die bei edlen Metallen beliebt iſt, weil das
koſtbare Material möglichſt ſelbſtſtändig zur Geltung
kommen ſoll. Hierher gehört ein goldenes Service des
Lord Lytton, deſſen Palmenmuſter ſeinen Urſprung
aus Kaſchmir verräth. Die Silberarbeiten Bombay's
haben im Stil des Laubwerks eine auffallende

Aehnlichkeit mit dem Akanthus der europäischen
Kunst des siebzehnten Jahrhunderts. An anderen
Orten werden die Vertiefungen des ciselirten
Ornaments mit schnellflüssigem Schwarzloth, Niello,
ausgefüllt, oder auch bei geringeren Metallen mit
buntem Lack.

Das Mustergültigste leistet die indische Kunst jedoch
nicht in der Verwendung edler Metalle für Gefäße,
sondern in der Durchbildung des Kupfers, Messings,
der Zinnlegirungen und der Goldbronze. Hier giebt
es keine Zusammenstellung der natürlichen Farben,
die nicht decorativ ausgenutzt wäre. Mit Hin-
zuziehung der Edelmetalle entsteht daraus eine Fülle
von Motiven, mit denen unsere Industrie garnicht
zu rechnen gewohnt ist. Etwas Anmuthigeres als
die Kupfergefäße, deren Ornamente aus aufgelötheten
Silberplatten bestehen, läßt sich kaum denken. Auf
eine größere Urne aus Messing sind in strenger
Symmetrie stilisirte Zweige gravirt, deren offene
Blumen aus rothem Kupfer aufgelegt sind. Andre
Messinggefäße sind durch Kupferstreifen ornamentirt.
Im feuchteren Kaschmir überzieht man die schön
getriebenen Kupfergefäße mit Zinn, das auf der
Außenfläche leicht oder bis auf den Kupfergrund
gravirt wird. Mit Oxydfarben, wie sie der

Japaner so effectvoll verwendet, arbeitet der Inder nicht; und mit Recht, denn seine Gefäße sind für den Gebrauch bestimmt, der die künstliche Patina bald abnutzt.

Besondere Aufmerksamkeit verdienen die Kannen mit ihren zweckmäßig construirten Tüllen und Henkeln, weil wir gar nicht mehr zu verlangen gewohnt sind, daß ein Henkel auch die Eigenschaft habe, bequem in der Hand zu liegen und daß eine Tülle nicht spritze und tropfe. Die Construction des Deckels, die bei uns so furchtbar im Argen liegt, ist bei den indischen Gefäßen ebenfalls auf die practische Brauchbarkeit gerichtet. Scharniere und Ketten halten ihn bei Metallgefäßen fest, ein tief eingreifender Rand, zu= weilen sogar ein Scharnier bei den Thonwaaren. Was für gedankenlose Bildungen lassen dagegen wir uns von unseren Technikern gefallen!

In der Einfachheit und Zweckmäßigkeit der indischen Gefäßbildung, die ästhetisch mit den geringsten und, nicht zu vergessen, solidesten Mitteln die vor= nehmsten Wirkungen erreicht, fühlen wir uns wie beruhigt und erquickt. Hier findet unsere Industrie weit edlere und in sich reichere, einer Entwickelung in weit höherem Maße fähige Anregungen als in den der Renaissance, die so leicht in trockenem

Schematismus antike Vorbilder nachahmen oder gar in wüste Ueberladung und lächerliche Ausschweifung verfallen.

*   *   *

Auch die reiche Sammlung von Waffen und Schmuck predigt uns vergessene Schönheitsgesetze, an die wir wohl thun, uns zu erinnern, wenn auch der Schmuck des Körpers für uns keine so große Rolle spielt wie im Leben der Völker, denen das arbeitende Capital unbekannt ist.

Bei den indischen Waffen und Schmucksachen fällt uns zunächst eine ganz von unserer Art abweichende Behandlung des Edelsteins auf. Seit im siebzehnten Jahrhundert der Facettenschliff des Diamants sich allgemein einbürgerte, hat man es bei allen durchsichtigen Edelsteinen auf die möglichste Hebung ihrer lichtbrechenden Kraft abgesehen und behandelt sie wie farbige Diamanten. Durch den Brillantschliff wird jeder einzelne Stein zu einem Lichtcentrum, und dadurch von seiner Umgebung isolirt. Der Eindruck des Kostbaren, Einzigen wird auf diese Weise natürlich gehoben, aber die Wirkung des Schmucks wird unruhig und störend. Es ist eine alte Erfahrung, daß Perlen besser stehen als Diamanten, die ihre volle Berechtigung nur als Haarschmuck finden.

Die indische Kunst beharrt auch hier in älteren
Bahnen. Sie will nicht jeden Stein einzeln zur Geltung
kommen lassen, sondern sucht ihn in prunkender aber
auch wieder echt künstlerischer Gleichgültigkeit gegen
den oft ungeheuren Werth des Materials decorativ
zu verwenden. Mit Ausnahme des Diamanten schleift
sie darum keinen Edelstein kantig, ja, mit Vorliebe
verwendet sie den Smaragd und Rubin in der un=
regelmäßigen Fundform. Auch den Diamant facettirt
sie nicht, sondern flacht ihn ab und foliirt ihn, wodurch
er in unsern Augen allerdings etwas Glasflußartiges
erhält. Aber es ist zu bedenken, daß in der Zeit,
als dieser Stil entstand, farbloser Glasfluß kaum
existirte, und dann läßt sich nicht läugnen, daß der
Diamant in dieser Form decorativ gewinnt. Man
vergleiche nur einmal eine der alten Säbelscheiden,
die ganz mit tafelförmigen Diamanten und grünem
Email bedeckt sind, und jenen modernen Dolch des
Herzogs von Edinburgh, auf dessen massiv goldener
Scheide eine Reihe blitzender Brillanten sitzt. Un=
vergleichlich ruhiger und harmonischer wird jedoch
die Wirkung der nicht facettirten farbigen Volledel=
steine, die bis in die jüngste Zeit in Indien, wie
früher auch in Europa, dem Diamant vorgezogen
wurden. In einem der Schränke hängt ein altes

Schwert, dessen goldener Griff mit schönen Rubinen von unregelmäßiger Form bedeckt ist. Die Rosetten an der Koppel aber sind neu und aus facettirten Rubinen gebildet. So neben einander gesehen erscheinen die Steine am Griff von entzückender Saftigkeit und Kraft, während die facettirten geradezu kränklich wirken.

Ein anderer Vorzug des indischen Schmuckes ist die mit allen soliden Mitteln angestrebte Farbigkeit. Wie steht es in der Beziehung noch immer bei uns? Ein Blick in den Laden eines Goldschmiedes giebt die Antwort. Der farblose Diamant herrscht unumschränkt. Rubine, Smaragden und Sapphire zusammengenommen stehen zu ihm noch nicht im Verhältniß von eins zu zehn und werden nur ganz beiläufig behandelt. Die farbigen Halbedelsteine, die in Verbindung mit einander so reizende Effecte erzielen können, werden kaum anders als zur Aushülfe an Schmucksachen gebraucht, für die der Diamant zu theuer wäre. An eine berechnete Ausnutzung ihrer guten Eigenschaften wird kaum gedacht.

Rubinen und Smaragden sind dagegen von dem indischen Goldschmied gerade so bevorzugt, wie bei uns der Diamant. Seltener, scheint es, kommt der Sapphir zur Verwendung. Unter den Pretiosen

der indischen Ausstellung fehlt er wenigstens. Auch
der Diamant ist, wie gesagt, vernachlässigt. Nie
kommt er — mit Ausnahme der neuesten Arbeiten —
allein vor; zuweilen steht er neben Rubinen, häufiger
neben Smaragden oder in grünem Email, was ihm
weit besser bekommt als die bei uns beliebte
Zusammenstellung mit dem Sapphir. Reizend sind
die leichten Schmuckgehänge aus kleinen Perlen und
Rubinen, deren Roth auf der andern Seite durch
Türkise ersetzt ist, so daß man nach Belieben wenden
kann. Einige Dosen, Schalen, Kämme und Degen=
griffe aus dem schwer zu bearbeitenden Nephrit (Jade)
sind mit Blumen aus Smaragden und Rubinen bedeckt,
deren Stiele aus eingelegtem Golde bestehen. Die
Wirkung der tiefrothen Flecke auf dem sattgrünen
Grunde ist sehr harmonisch. Wie dagegen unsere
Weise, die Edelsteine zu behandeln, barbarisch aussieht,
zeigen zwei Albums mit Liedern auf die Königin
Victoria. Sie sind in blauen Sammet gebunden,
von dem sich große Brillanten und facettirte Rubinen
abheben. Unruhigeres läßt sich nicht vorstellen. —
Die Arbeiten in Nephrit, jenem harten, zähen
schwer zu bearbeitenden Stein von milchweißer bis
tiefgrüner Farbe, werden in Indien und China
auf's höchste geschätzt. Dr. Jagor erzählte mir, sie

3

würden bei besonders kunstvoller Form mit dem
fünfzigfachen Gewicht in Gold bezahlt. Man schneidet
den Nephrit zu allerlei Geräthen (die schönste Arbeit
besitzt das Gewerbemuseum, ein Schreibzeug in Form
eines Blütenzweiges, durch Oberst v. Brandt). Unter
denen der indischen Ausstellung verdient eine tiefgrüne
Theekanne mit einem Ornament aus rubinrothem,
leuchtendem Email den Preis. Die Leuchtkraft und
Tiefe der Färbung indischer Emailflüsse kommt überhaupt den Wirkungen der Edelsteine am nächsten.
Freilich will es scheinen als ob die moderne Technik
auch in Indien mehr auf Buntheit als auf Harmonie
ginge. Wenigstens kommen auf den Griffen und
Beschlägen der sicher alten Waffen weit edlere Ver-
bindungen vor als auf den schon in ihrer Form an
Europa gemahnenden jüngsten Arbeiten aus Jaipur,
dem Sitz der glänzendsten Emailindustrie. Auf den
Waffen kommt vornehmlich ein Pflanzenornament zur
Anwendung, dessen sahnenfarbige Blumen und grünen
Blätter sich von tiefbraunem Grunde abheben oder
umgekehrt. Auf Silber scheint nur grünes und blaues
Email gebräuchlich zu sein, dessen Ornamentation sich,
wie es schon die Farbe empfiehlt, an Pflanzenformen
anschließt. Es wird auch nicht so subtil durchgebildet
wie das Email auf Goldgrund aus Jaipur. Einige

Flaschen und Kämme führen das ziegelrothe Email
von Siam vor, das ebenfalls nur auf Goldgrund
angebracht wird.

* * *

Die Eigenart des indischen Kunstgewerbes liegt in
seiner handwerksmäßigen Grundlage. Von Maschinen
sind nur die ältesten und einfachsten im Gebrauch,
und die Hand ist vom Instrument im höchsten Grade
unabhängig. Was wir mit den complicirtesten Werk=
zeugen verfertigt glauben, entsteht mit Hülfe der
primitivsten. Dabei werden die ornamentalen Formen
mit einer Sicherheit beherrscht, die für uns etwas
Unfaßbares hat. Aus dem Kopf wirft der Sticker,
der Lackarbeiter, der Graveur in Kaschmir jene ver=
wickelten Shawlmuster hin, denen wir mit bloßem
Auge kaum folgen können. Nur die durch Jahr=
tausende vererbte Erfahrung macht solche Wunder
verständlich. Die Kunstthätigkeit ist gleichsam ein Theil
des Organismus geworden und wirkt so unbewußt
und sicher wie der Instinct der Bienen und Ameisen.
Das ist der Segen der uralten ununterbrochenen
Tradition, für die uns abseits von den Ostasiaten
die Inder das einzige Beispiel geben.

3*

Gestärkt wird die handwerksmäßige Ueberlieferung durch das Kastenwesen, das die Fortpflanzung und Verfeinerung technischer Methoden wesentlich bedingt, und durch die frühzeitige Gewöhnung des Individuums an die Handarbeit. Auf diese Weise erwirbt der indische Arbeiter als halbes Kind eine Fertigkeit, die der Hand eines schon Erwachsenen unerreichbar bleibt. Werden doch gewisse subtile Arbeiten, wie z. B. die feinsten Filigrane, ausschließlich von Kindern angefertigt.

Heute allerdings steht Indien vor einer der größten Umwälzungen, die es während seines Bestehens durchgemacht, und deren Folgen noch nicht abzusehen sind. Das englische Freihandelssystem hat die Hand an die Wurzel des indischen Zunftwesens gelegt und damit die seit Jahrtausenden gefestete Kasteneinrichtung gefährdet, die sogar die Revolution des Buddhismus überdauert hat. Englische, französische und sogar deutsche Waaren überschwemmen den indischen Markt, und vermöge ihrer Billigkeit vernichten sie die ein= heimischen Industrien. Zwar haben die gebildeten Kreise der Eingeborenen die Gefahr erkannt, und sie kämpfen heftiger gegen den Freihandel als gegen das Christenthum der englischen Missionare; aber was hilft es, daß sie das Volk vor der Berührung mit

dem fremden Lande warnen? Sir George Birdwood,
der Verfasser des Handbuchs zur indischen Ausstellung,
wie es scheint, selber ein Anhänger des Freihandels,
kann doch nicht ohne schmerzliches Bedauern der
Gewißheit gedenken, daß die durch Jahrtausende
gepflegte handwerksmäßige Tradition kaum noch ein
Menschenalter intact fortbestehen werde. Ausführlich
berichtet er über die Maßnahmen der einsichtigen
Brahmanen, das Volk zu belehren. In volksthüm-
lichen Liedern schildern sie den Verfall der Gewerbe
und schicken wandernde Sänger durch das ganze Land,
um sie auf den Märkten und in den Bazaren
absingen zu lassen. Sir George theilt auch Proben
mit, aus denen einige Passagen auch hier einen Platz
finden mögen.

„Der Wind der Armuth hat angefangen, über das
Land zu wehen. Handel und Gewerbe sind gänzlich
verschwunden.

„Seid wachsam! Sie kamen aus England und
breiteten nach allen Seiten die Fäden des Freihandels
aus und brachten das Volk zum Wahnsinn. Sie
füllten das Land mit Sachen, schön anzusehen und
bezaubernd, und priesen sie mit großem Geschrei an.
— Sachen, die nur glänzend scheinen, in Wirklichkeit
aber betrügerisch sind wie Feuerfliegen, werden willig

von euch gekauft. Die Nägel, die Sicheln, die Messer, die Scheeren, die Löffel sind nur dem Scheine nach glänzend. Sie sind nicht dauerhaft und gleichen losen Frauen, nur zum Verkaufe geputzt. Die englischen Händler haben uns jetzt gebändigt und füllen sich die Koffer mit Reichthum. Sie haben sich in jedes Gewerbe des Landes gemischt und haben uns zu Grunde gerichtet."

Ein andres Lied zählt nach der Reihe die brach gelegten Gewerbe auf, ein drittes beklagt die Zukunft des Landmannes, der unter der Steuerlast erliegt. Die englische Preßfreiheit schützt natürlich auch diese ambulanten Leitartikel.

* * *

So ruhig die Regierung Indiens diesen pathetischen Auslassungen Raum läßt, so umsichtig ist sie bedacht, die Krisis möglichst schnell und schadlos verlaufen zu lassen. Mit kräftiger Hand greift sie die im neuen Geiste entwicklungsfähigen Keime auf, namentlich solche, die eine innigere industrielle Verbindung Indiens und Englands verheißen. Ein interessantes Beispiel für ihre Maßnahmen und zugleich lehrreich für die Art, wie man solche Dinge in England

handhabt, ist die Förderung der neuen Seiden=
industrie, die in England=Indien eine große Zukunft
verspricht.

Es giebt in ganz Indien eine große Zahl Seiden=
spinner, deren Product man provinziell für den
Hausgebrauch in Verwendung bringt, die man aber
zu züchten nicht der Mühe werth hält. Ihre Cocons
werden in den Wäldern gesammelt. Daher führen
sie den Namen wilde Seide, während im Handel die
Bezeichnung Tusserseide die gewöhnliche ist. Die
Cocons sind schwer abzuwickeln; der Faden hat die
Weichheit der chinesischen Seide, ist aber glänzender
und etwa dreifach so stark und dauerhaft. Dagegen
besitzt er eine schlimme Eigenschaft, an der bisher
alle Ausnutzungsversuche gescheitert sind; er zeigt sich
in höchstem Grade indifferent gegen Farbstoffe,
während die chinesische Seide, wie bekannt, alle
Farben gierig einsaugt.

Um die anerkannt vorzüglichen Eigenschaften der
wilden Seide auszunutzen, die, wenn der Bedarf es
verlangt, in jeder Quantität erzeugt werden kann,
beauftragte die indische Regierung im Jahre 1874
Mr. Wardle, den jüngeren Theilhaber einer der
bedeutendsten Firmen des Zweiges, mit einer genauen
Prüfung der Tusserseide.

Da die indischen Methoden der Haspelung kein
günstiges Resultat lieferten und in England selbst sich
Niemand auf die Technik verstand, ging Mr. Wardle
nach Piemont, wo man ihm in einem der größten
Etablissements zu experimentiren gestattete, obgleich
sich die Fachleute sehr skeptisch zeigten; sie hatten
schon verschiedene Versuche scheitern sehen. Dennoch
gelang es der geschicktesten unter den Arbeiterinnen,
deren Lehrzeit für die Abwickelung der Cocons des
Maulbeerspinners sieben Jahre beträgt, ohne Weiteres,
den Faden zu finden und zu lösen, denn Mr. Wardle
hatte die Cocons vorher in einer starken Beize
aufgeweicht. Nun blieb die Schwierigkeit der Färbung.
Im Naturzustand ist die Faser braun-gelb und kann
bis jetzt chemisch entweder nur mit bedeutenden Kosten
oder nur unter gänzlichem Verlust der Haltbarkeit
gebleicht werden. Mr. Wardle spricht von einer
Fütterungsmethode, welche die Raupe zwingt, vor
dem Einspinnen den Magen zu entleeren, wodurch ein
weißer Faden erzielt wird. Aber die Sache ist noch
nicht ganz klar. Bis jetzt hat Mr. Wardle der Faser
nur wenige Naturfarben aufzwingen können, dagegen
ist es ihm gelungen, sie für Anilin empfänglich zu
machen. Er erkennt die Nachtheile der rapid ver-
bleichenden unschönen Farben sehr wohl, aber er

bemerkt ganz richtig, daß es vorerst mehr darauf ankomme, der Seide den Markt zu erobern. An Experimenten mit gediegenen Färbemitteln werden er und Andere es nicht fehlen lassen.

Die englische und französische Industrie hat sich der Tusserseide in den beiden letzten Jahren mit großem Erfolge angenommen. Vorzüglich geeignet hat sie sich zur Herstellung von Pelzimitationen und Sammetstoffen erwiesen, denn bei ihrer Stärke genügt es, sie vor offenem Feuer naß zu bürsten, wenn sie sich verdrückt hat. Auch zur Teppichfabrikation wird sie vielfach verwendet und dürfte bei ihrer großen Haltbarkeit eine große Zukunft für Möbelbezüge haben. Interessant ist ein glücklich gelungenes Experiment Mr. Wardle's, die Seide zu bedrucken. Er hat sich dabei der alten indischen Holzstöcke des South = Kensington=Museums bedienen können, die ursprünglich für Kattundruck bestimmt waren. Das kleine Buch, in welchem Mr. Wardle über seine Arbeiten Bericht erstattet, verdient im Auszug auch bei uns bekannt gemacht zu werden. Allem Anschein nach ist kein Zweifel, daß die Tusserseide eine Rolle spielen wird. Es wäre für Indien ein großes Glück, da die Regierung die ernstliche

Hoffnung hegt, daß die Cultur der Tusserseide den entsetzlichen Hungersnöthen gewisser Districte vorbeugen werde.

* * *

Zum Schluß möge den indischen Schätzen Englands gegenüber gestattet sein, auf das Studienmaterial unserer Berliner Sammlungen hinzuweisen. Im Gewerbemuseum sind alle Techniken der indischen Industrien vertreten, man braucht sie nur an der Hand des Führers in den verschiedenen Abtheilungen aufzusuchen. Die Stoffsammlung, jener in ganz Europa einzig dastehende Schatz des Museums, den Professor Lessing aus unscheinbaren Anfängen so glänzend emporgebracht, bietet die ganze Fülle indischer Originale und ihrer europäischen Nachahmungen übersichtlich geordnet. Und in der technologischen Sammlung Dr. Jagor's, die leider bis zur Vollendung des ethnologischen Museums dem Publicum nicht zugänglich gemacht werden kann, hat der hochverdiente Forscher uns einen Stoff geschenkt, dessen reicher Inhalt erst in der Zukunft unsern Gewerben zu Gute kommen wird.

1881

Eine
japanische Gemäldesammlung

Wir haben die künstlerischen Leistungen der Japaner
bisher zumeist aus den Erzeugnissen ihres Kunst=
gewerbes kennen gelernt, den Lack= und Porzellan=
arbeiten. Die erstaunliche Sicherheit der Beobachtung,
der Geschmack, mit dem sie verwendet, der hohe
Grad zeichnerischen Könnens schien uns nach unsern
heimischen Erfahrungen unerklärlich. Wir waren
nicht abgeneigt, als Ursache eine Art unbewußt
schaffenden Kunsttriebes anzunehmen, der nach ähnlichen
Gesetzen arbeitet wie der Instinct. Bei Gelegenheit der
Wiener und ganz besonders bei der Pariser Weltaus=
stellung erfuhren wir jedoch, daß hinter der Leistungs=
fähigkeit der japanischen Industrie gerade so gut eine
Blüthe der hohen Kunst gestanden, wie einst hinter
den Erzeugnissen der europäischen Kunstgewerbe. Wir
erfuhren durch die Franzosen Namen großer Künstler,

ohne aus den Beschreibungen ein klares Bild gewinnen
zu können. Sonst gab es nur noch in englischen und
amerikanischen Revuen zerstreute Artikel, aus denen
wir Materialien zum Verständniß schöpfen konnten.
Aber das war Alles Bruchstück und reichte nicht aus,
die einzelnen bessern Bilder, die zu uns kamen, die
wunderbar schöne Sammlung Fächermalereien im
Gewerbemuseum, die großartigen Porträts, und die
kleine Bibliothek illustrirter japanischer Bücher, die
das Kupferstichkabinet bewahrt — unter einander in
Zusammenhang zu bringen.

Nun aber hat sich die Situation mit einem Schlage
geändert. Gierke's Sammlung japanischer Meister,
die im Lichthofe des Kunstgewerbemuseums ausgestellt
ist, umfaßt alle Perioden der japanischen Kunst. Vom
sechsten Jahrhundert an sind alle Schulen und die
größten Meister mit characteristischen Werken vertreten.
Dazu hat der Forscher ein reiches historisches Material
zusammengetragen, das über alle wichtigen Fragen
Aufklärung giebt und nach der Probe, die der Catalog
liefert, vollständiger und vielseitiger einzuführen verspricht, als Edmond de Goncourt's »Maison d'un
artiste«, in dem das Beste niedergelegt ist, was die
Franzosen über die japanische Kunst wissen. Nur in
England soll im Privatbesitz eine Sammlung von

ähnlichem Umfange bestehen wie Gierke's, aber ihr
Besitzer hat noch nichts über sie veröffentlicht. Erst
in Japan selber giebt es im Schatz des Kaisers,
einiger großer Tempel und des Museums zu Tokio
ein Material, das Gierke's Sammlung überragt.

Die japanische Kunst hängt von wesentlich andern
Lebensformen ab, als die unsere. Vor Allem darf
man bei ihrer Betrachtung nicht einen Augenblick
vergessen, daß in der Cultur des Inselreiches die
Baukunst eine andere Rolle spielt als bei uns. Es
fehlt der Malerei jene Schulung an großen Wandflächen,
deren sie bedarf, um ihr höchstes Ziel zu erreichen.
In dem Bambushause des Japaners giebt es nicht
einmal gemauerte Wände. Leichtes Lattenwerk,
meistens nur eine Matte, die bei gutem Wetter auf=
gerollt wird, schließt die Räume ein. Bei derartigen
Constructionen muß auch das aufgehängte Wandbild
eine andre Gestalt annehmen, als bei uns. Es darf
nicht schwer sein, hat keinen festen Platz und muß
sich leicht verwahren lassen, denn die häufigen
Feuersbrünste greifen mit entsetzlicher Schnelligkeit
um sich.

Diesen Bedingungen entspricht die leichte Rolle,
zu der sich das Wandbild zusammenwickeln läßt.
In einen Kasten gepackt, läßt es sich bequem in dem

feuerfesten Schatzhause unterbringen, das den kostbaren
Besitz der Familie birgt. Nur bei Festen wird das
Bild hervorgeholt und so sorgsam behandet, daß die
auf leichtes Zeug gemalten Aquarelle sich Jahr=
hunderte unversehrt erhalten. Der prachtvolle Gold=
brocat, auf den sie gespannt sind, vertritt die Stelle
unseres isolirenden Goldrahmens.

Die Größe dieser Bilder ist ziemlich beschränkt,
meist haben sie ungefähr die Verhältnisse eines etwas
breiten Handtuches, selten die einer kleinen Zimmer=
thür. Und das sind die größten Räume, welche dem
japanischen Maler gemeinhin zu Gebote stehen.
Denn die mehrtheiligen Wandschirme, die als wichtigste
Möbel seiner Zimmer zugleich Zug abhalten und
behagliche Ecken abschneiden, pflegen durch eine
goldene vielfach zerrissene Wolke in eine Anzahl
ungleicher unregelmäßiger Räume zertheilt zu sein,
in denen die Figuren selten mehr als Handgröße
haben. Sie sind für unsere Gewohnheiten schwer
genießbar, denn die Malerei steigt bis auf den Fuß=
boden hinab und ist nur im Hocken oder Liegen
ganz zu überschauen. Aber mit den Wandgemälden
bilden sie eine Gruppe, deren perspectivische Anlage
unserer Kunstweise verwandt, wenn sie auch weniger
entwickelt ist.

Ganz anders bei den Kleinmalereien in Büchern und auf langen Papierrollen. Diese werden vom Malenden wie vom Beschauer auf den Boden gelegt und als Fläche betrachtet, auf der Dinge und Menschen senkrecht stehen, in der Vogelperspective gesehen sind. Nachdem uns Gierke auf diese Eigenart aufmerksam gemacht, wird es auch uns nicht schwer, die gleichsam projicirten Dinge bei der Betrachtung von oben auf= zurichten. Es ist überraschend, zu welch wimmelndem Leben die kleinen Bilder erwachen, wenn man gelernt hat, sie richtig zu sehen. Sie scheinen wie von einem Zauberstabe berührt.

Die Abwesenheit der monumentalen Malerei, die Einseitigkeit der technischen Mittel, die sich auf Tusch= malereien, Wasserfarben und Holzschnitt beschränken, das geringe Format, das fast niemals Menschen in natürlicher Größe zu zeichnen erlaubt, der Dualismus einer richtigen, aber unentwickelten und einer im letzten Grunde unmöglichen Perspective, endlich die Negation des Schattens sind die Schranken, die eine umfassende Entwickelung der japanischen Malerei gehindert haben. Was sie aber innerhalb dieser Grenzen erreicht hat, ist selbst von unserm Standpunkte staunenswerth. Auf der einen Seite finden wir momentane Skizzen von einer Wucht, die uns unwillkürlich den Namen

Rembrandt's auf die Zunge legt, auf der andern
eine Ausführung des Details, daß wir wie bei
Blumen und Schmetterlingen die Natur selbst zu
sehen glauben.

* * *

Wie die Cultur Japans überhaupt, ist auch seine
Malerei von China abhängig. Durch alle Jahr=
hunderte vom sechsten unserer Zeitrechnung bis in die
Gegenwart giebt es eine Richtung in der japanischen
Kunst, die sich bewußt an chinesische Vorbilder hält.
Aus dieser Schule stammen fast alle Wandbilder und
die mit breitem Pinsel hingeworfenen Tuschmalereien.
Neben ihr entstand schon früh eine nationale Schule, die
aber in figürlichen Darstellungen früh in Schematismus
erstarrte, während sie sich in der Landschaftsmalerei
und der Darstellung kleinerer Thiere der Rivalin
überlegen zeigt. Auch coloristisch vermag sie Höheres.
Aus ihr löste sich die Gattung des japanischen Genre
ab, die ihren größten Vertreter, den Hokusai, erst in
unserm Jahrhundert hervorbrachte. Mit Vorliebe
pflegte sie die Miniaturmalerei auf langen Rollen, die
aber seit der Massenproduction gedruckter Bilderbücher
außer Gebrauch kamen und jetzt schon lange nicht
mehr angefertigt werden.

Die Stoffe der japanischen Kunst sind fast so
mannigfaltig wie die der unsern. Auf den Wand-
bildern sehen wir Darstellungen der Götter, entweder
golden auf schwarzem Grunde und in feierlicher
Bewegung wie sie der buddhistische Cult verlangt, oder
als Caricaturen mit dem gutmüthigsten Lächeln von
der Welt, wie sich der Japaner seine einheimischen
und die ursprünglich chinesischen Götter vorstellt. Dann
Einzelbilder von Helden und Heiligen, typische Figuren
aus der Sage, Sittenbilder, Thierdarstellungen, Landschaften. Die Wandschirme haben mehr Raum und
zeigen weitläufige Vorgänge, wie das Einfangen wilder
Pferde, Scenen aus dem Hofleben und lange Märchen,
in denen der Held mit Ungeheuern kämpft, schöne
Frauen erlöst und beutebeladen heimkehrt. Noch mehr
gehen die Rollen in die Breite. Sie erzählen uns
Legenden von buddhistischen Priestern, Märchen und
Geschichte, Ethnographisches aus dem Leben der Ainos,
des halbbarbarischen Volkes auf den nördlichen Inseln.
Dann werden Festzüge geschildert, Hochzeiten und
Jagden und weite Küstenstriche als Panorama auf-
gerollt. Die gedruckten Bücher haben sich später des
ganzen Gebietes dieser Rollen bemächtigt und pflegen
überdies Specialitäten in den populär-wissenschaftlichen
und künstlerischen Abhandlungen. Es giebt Kräuter-

4

bücher über Medicinpflanzen und ihre Eigenschaften,
Anleitungen zum Zeichnen und Malen, zum Strauß-
binden und Wahrsagen. Der Buntdruck steht in ihnen
auf einer Höhe der Vollkommenheit, die er nur im
alten China soll erklommen haben. Aber davon
wissen wir in Berlin nicht viel, nur die französischen
Kenner munkeln von einzelnen raren Stücken, die
ihnen zu Gesicht gekommen. Für uns bilden
vorläufig die gedruckten japanischen Bücher und
Albums coloristisch das Höchste des auf dem Gebiete
Geleisteten.

Die Wandbilder der Sammlung gehen in sehr
frühe Zeiten zurück, das älteste Original stammt aus
dem neunten Jahrhundert. Wie das nächstfolgende, ein
Bild Buddhas von dem Stifter der japanischen Schule
aus dem elften Jahrhundert, verräth es indische
Urbilder. Auf einer goldenen Wolke schwebt Buddha
zur Erde hinab. Seine feierliche Gestalt ist in reiche
goldene Gewänder von majestätischem Wurf gehüllt,
die über und über mit den zierlichsten Ornamenten
bedeckt sind. Ueber den schwarzen Grund strahlt ein
vielfacher nur eben angedeuteter Nimbus aus, der die
Wirkung der Persönlichkeit nicht stört, sondern mystisch
steigert. Von ähnlicher Erhabenheit sind die übrigen
buddhistischen Götterbildnisse. Wie zutraulich erscheinen

daneben die sieben japanischen Glücksgötter, ob wir sie einzeln sehen oder in lustiger Gesellschaft miteinander. An feierlicher Würde den buddhistischen Cultbildern verwandt, sitzt auf seinem Throne, der mit einem rothen Prachtstoffe von wunderbarem Muster bedeckt ist, ein Oberpriester. Er ist halb in gelbe, halb in schwarze Seide gekleidet und scheint einer Opferhandlung bei= zuwohnen. Seine Hände ruhen auf dem Schoße, und er läßt abwesend die weißen Haare eines Weihwedels durch seine Finger gleiten. Den Maler dieses herr= lichen Porträts konnten die japanischen Gelehrten nicht nennen und waren zu gewissenhaft, um eine Vermuthung zu wagen. Es stammt aus dem siebzehnten Jahrhundert.

Auf einem allerliebsten Sittenbilde aus dem siebzehnten Jahrhundert sehen wir eine Gesellschaft vornehmer Damen in reicher Toilette ein Boot zu einer Vergnügungsfahrt besteigen. Zierlich trippeln sie auf kleinen Schuhen heran. Die rohen Bootführer, die auf dem Schutzdache hocken, lassen uns die feine Bildung der Damen fast in komischem Gegensatze erscheinen. In den Farben von großem Reize ist das Bild einer Sängerin, die ihrer Schülerin Unterricht giebt. Mit derselben Uaste beschäftigt sich ein späteres Bild, das eine schöne Tänzerin darstellt, wie sie in

Trauer über ein Schicksal in sich zusammengesunken
ist. Dann werden uns Scenen vorgeführt, die uns
daran erinnern, daß auch nach Japan der chinesische
Cultus der Familie gedrungen. Typisch ist für dieses
Gebiet das Bild der Großeltern im Kreise lustiger
Enkel, die ihnen ihre Fortschritte zeigen.

Den großen Stil vertritt eine Landschaft aus dem
fünfzehnten Jahrhundert mit dem heiligen Berge
Japans, dem Vulkan Fusi-Yama. Hoch ragen die
schlanken Umrisse des schneebedeckten Kegels über die
niedrigen Vorberge hinweg, durch die ein weites Thal
eine Straße bis zum Fuße des Riesen bildet. Vielfach
gewunden schlängelt sich ein Fluß hindurch, der im
Vordergrunde in's Meer fällt. Hier haben wir an
den winzigen Schiffen und den kleinen Menschen am
Strande den Maßstab für die großartigen Dimensionen
der Landschaft, die von leichtem Nebel durchduftet wird.
Der Fusi-Yama ist derselbe Berg, dessen Umrisse uns
von den kunstgewerblichen Arbeiten so wohlbekannt
sind. Auf dem wichtigsten Culturgebiete Japans
beherrschen seine kühnen Umrisse alle Landschaftsbilder.
Unter den Thierdarstellungen imponirt durch die
Größe des Stils ein Flug wilder Gänse. Zwei haben
sich niedergelassen und sind schon eifrig beim Grasen,
eine dritte reckt noch den Hals empor und begrüßt

die letzte, die zögernd herabschwebt. Von der Wahrheit
der Bewegung und der unerhörten Sicherheit der
Zeichnung kann nur das Bild selbst eine Anschauung
geben. Ein Zug möge die Kunst des Malers
characterisiren. Die beiden fressenden stehen neben=
einander und führen ganz dieselbe stoßende Bewegung
aus, so daß Köpfe und Hälse einander fast parallel
sind. Die Wirkung ist so mächtig gesteigert, daß
man in der Vorstellung den Eindruck behält, man
hätte die Bewegung ausführen sehen. Auf derselben
Höhe steht das Bild eines Karpfens, der einen
Wasserfall hinauf schwimmt, zugleich ein Symbol
für die Energie, die alle Hindernisse zu überwinden
weiß. Sehr amüsant sind die Affendarstellungen des
Sosen, eines Künstlers, der sich im Anfange dieses
Jahrhunderts als Einsiedler in die Waldgebirge
zurückzog, um seine Vorbilder besser studiren zu können.
Er hat das Opfer nicht vergebens gebracht. — Auf
den Wandschirmen und Rollen wiederholen sich die
Einzeldarstellungen. Größer angelegte figürliche Com=
positionen sind seltener und lehnen sich meist direct
an chinesische Vorbilder, wenn sie nicht, wie die
großartigen Schilderungen der buddhistischen Hölle
und des Buddhistenhimmels, auf indischen Ursprung
zurückgehen.

Gierke's Catalog gibt uns über jedes einzelne Kunstwerk die interessantesten Erklärungen und enthält in der Einleitung die Geschichte der Entstehung seiner Sammlung und einen Abriß der japanischen Kunst= geschichte, wie er sie aus den Berichten der ein= heimischen Kritiker zusammengestellt, bei denen er in die Schule gegangen. Wir erfahren dabei die wichtige Thatsache, daß im Reich der aufgehenden Sonne eine uralte schriftliche und mündliche Tradition innerhalb einzelner Kennerfamilien existirt. Im Besitze hand= schriftlicher Aufzeichnungen — Gedrucktes soll es über das Thema nicht geben — und zahlreicher Copien arbeiten die Gelehrten so sicher, daß Gierke von weit auseinander wohnenden Forschern, denen er ein und dasselbe unbezeichnete Gemälde vorlegte, ganz unab= hängig dieselbe Antwort erhielt. Gierke gesteht selber, daß er Anfangs mit großem Mißtrauen dem Wissen der Japaner gegenübergetreten, aber allmählich ein unbegrenztes Vertrauen gefaßt habe. Seine ganze Sammlung hat die japanische Kritik passirt, viele seiner Bilder waren den Gelehrten von vorn= herein wohlbekannt. Uns muß allein schon die Ehrlichkeit imponiren, mit der jene Männer die Grenzen ihres Wissens eingestehen. Mehr als ein bedeutendes Bild konnte nicht mit Sicherheit

bestimmt werden und blieb unbezeichnet. Wir erfahren
bei der Gelegenheit auch, daß es in Japan seit alter
Zeit Kunstvereine gegeben, theils gelehrter Art, theils
ausübende, in denen malerische Wettkämpfe veranstaltet
werden. Zwar wurde die Tradition bei dem Taumel,
in den das japanische Volk nach den Umwälzungen
von 1868 gerieth, einen Augenblick unterbrochen,
und man verkannte im Eifer für das Fremde die
so lange mit größter Pietät gepflegten Schätze der
Heimath. Gierke war noch in der glücklichen Lage,
diese Zeit benutzen zu können, in der Tempel und
Adelige sich plötzlich in Noth und Elend sahen und
ihre Schätze verschleuderten. Aber man hat sich
schnell wieder besonnen, und jetzt wird nicht leicht
ein Kunstwerk mehr verkauft. Der Staat hat sich
in's Mittel gelegt und nach europäischem Vorbild
in der neuen Hauptstadt ein Museum gegründet.
Sogar eine große historische Kunstausstellung wurde
1880 zu Tokio veranstaltet, zu der alle Künstler
und Gelehrten zusammenströmten. Eine Regierungs=
commission beurtheilte die Echtheit der Werke, und
unter der Hand konnte Gierke noch manche wichtige
Erwerbung machen.

Bis die ausführlicheren Werke, die uns in Aus=
sicht gestellt, erschienen sind, bietet Gierke's Catalog

die bequemste Einführung in die japanische Kunst
und in das Leben des fernen Inselreiches. Die
Sammlung selbst ist dem Staate zum Kauf angeboten.
Möchte die Erwerbung gelingen! Unsere Museen
würden um einen Schatz reicher sein, wie er auf
demselben Gebiet in Zukunft kaum würde auf's Neue
zusammengebracht werden können.*)

1882

---

*) Anmerkung. Die Mittel für die Erwerbung sind
bekanntlich bewilligt worden. Die Sammlung befindet sich
jetzt im Besitz der Königlichen Museen.

Die Heraldik

Die Heraldik hat sich als Wissenschaft nur einer kleinen Zahl von Jüngern zu rühmen und wird in verwandten Fachkreisen und darüber hinaus, soweit man sich überhaupt um sie kümmert, gern als adlige Spielerei oder Nebenbeschäftigung für pensionirte Beamte angesehen. Dieses Vorurtheil ist um so auffallender, als wir uns doch sonst bei jeder Gelegenheit auf das Dogma von der reinen Wissenschaft berufen, und auf der andern Seite die Heraldik, im Geiste unserer Zeit vertieft und neu belebt, einen unmittelbaren Einfluß auf wichtige Gebiete unseres Lebens verspricht, den wir von manchen andern selbstbewußten und angesehenen Wissenschaften nie erwarten dürfen.

Die Ursachen der geringen Werthschätzung, mit der sich die Heraldik begnügen muß, sind verschiedene. Einmal die demokratische Tendenz des letzten Jahrhunderts, die, bewußt oder unbewußt, mit dem

Wappen den Adel verband; dann mag die Schuld
auch mit an den Persönlichkeiten gelegen haben, die
sie pflegten; und schließlich waren die heraldischen
Schwärmereien der romantischen Periode so wunderlich
in ihren Aeußerungen, daß sie der Wissenschaft noch
obendrein die Schelle der Lächerlichkeit anhängten.

In der jüngsten Zeit, die sich auf so viel Ver-
lassenes und Aufgegebenes aus dem Leben unserer
Väter besinnt, die an allen Ecken und Enden wieder
aufzuwecken sucht, was in den traurigen Jahren der
Armuth und Erschöpfung eingeschlafen war, ist auch
für die Heraldik ein neuer Tag angebrochen.

Entstanden in einer Zeit, wo sie in Kampf und
Turnier zunächst rein practischen Zwecken zu dienen
hatte, nahm das Wappenwesen mit dem Absterben der
mittelalterlichen Kampfesweise eine ideale Entwickelung,
die schon in der vorhergehenden Periode vorbereitet war.

Aus dem Erkennungszeichen in Schlacht und
Turnier wurde das Wappen das Symbol der ihrer
eigenen Existenz sich bewußten Familie, gleichsam ihr
zweiter, sinnbildlich ornamentaler Name, der sich
vererbte wie der andere. Aber mit dem ethischen
Unterschiede, daß er nicht durch einen Vornamen mit
dem Individuum verbunden werden kann. Der
Wappenname gehört der Familie. Was mit dem

Wappen geschmückt wird, ist damit im Grunde aus
dem unmittelbaren Besitz des Einzelnen in eine Art
idealer Zugehörigkeit gerückt. Es ist in dieser
Beziehung characteristisch, daß gerade das achtzehnte
Jahrhundert das Wappen durch ein Monogramm
zu ersetzen liebte.

Nicht nur der Kriegsadel der Höfe, nicht nur der
patrizische der freien Städte, auch der Bürger, und,
wo dieser Stand sich frei und unabhängig. erhielt,
auch der Bauer führte sein Wappen, das allem
geschätzten Besitze die Weihe geben mußte. Der
kunstvoll geschnitzte Schrank trug es, die gemalte
Scheibe im Fenster, das silberne, gläserne und irdene
Prunkgeräth, der Ofen und der Schmuck.

Dann kam die traurige Zeit, in der die deutsche
Familie sich selbst vergaß, und mit der Periode des
Rococo, in der das Wappen seine letzte Umgestaltung
erfuhr, verschwand die Sitte dieser Consecration. an
die Familie. Zwar versuchte man in unserem Jahr=
hundert auf romantischem Boden dem Wappenwesen,
wenigstens des Adels, der wie überhaupt die Tradition
in der Familie, so auch das Wappen bewahrt hatte,
neues Leben einzuhauchen. Aber der Versuch mußte
mißglücken. Denn wie man damals in den Stilen
nur das Ornamentale des Aeußeren und nicht das

constructive Wesen zu erkennen vermochte, so sah
man im Wappen nicht viel mehr als den Prunk
und Schmuck ritterlicher Mummerei und nicht seine
sittliche Bedeutung. Die Auffassung hat sich geändert,
und wir stehen heute vor der Frage: hat es einen
ethischen oder practischen Werth, das Wappenwesen
zu erneuern?

Wir wissen alle, wie in unserer Zeit im großstädtischen Leben die Familie zerfällt. Die Ueberlieferung geht nicht viel weiter als die Erinnerung,
und gleichsam losgelöst schwebt das lebende Geschlecht
zwischen Vergangenheit und Zukunft. Daß dieser
Zustand der Herzlosigkeit und dem Egoismus in die
Hände arbeitet, daß er ein Feind der Entwickelung
aller jener unschätzbaren Eigenschaften des Gemüths
ist, die nur in tiefem Boden Wurzel schlagen, haben
wir an tausend Beispielen erfahren. Es ist ja auch
schon lange das Bestreben der Einsichtigen, den
Familiensinn zu stützen und zu heben.

Ein Mittel, selbstverständlich nicht das Mittel,
denn die große Aufgabe kann nicht von einem Punkte
aus gelöst werden, würde die Erneuerung der Sitte
sein, durch ein Wappen beständig an das Dasein der
Familie zu erinnern. Zur Weihe dieser Institution
führt freilich erst die Ueberlieferung. Aber noch ist

diese nicht abgebrochen, noch ist sie im Adel und in den alten Familien der Reichsstädte lebendig, und es gälte nur, hier wieder anzuknüpfen. Man hat uns entgegnet, unser Leben sei ein anderes geworden. Es sei nicht mehr seßhaft genug, es sei zu unbeständig, große Vermögen gingen so schnell in Trümmer wie sie erworben würden. Aber warum herrscht ein solcher Wechsel im Besitzstande, der gewiß nicht von sittigendem Einfluß ist? Doch nur, weil der Lebende ohne Pietät gegen seine Vorfahren und ohne Gefühl der Verpflichtung gegen seine Nachkommen mit dem Erworbenen oder Ererbten leichtsinnig wirthschaftet. Und wenn es ein Mittel gäbe, die Nomadenhaftigkeit des Großstädters einzuschränken, so wäre das gewiß kein Schade. Die bloße Annahme eines Wappens thut natürlich nicht viel. Es wird ein rein äußerliches Moment bleiben, wenn es nicht sofort in das practische Leben eingreift. Und hier ist der Weg klar vor= gezeichnet und das Ziel nicht schwer zu erreichen.

Wir wollen das Wappen nicht, wie bisher, nur im Siegel und auf dem Wagenschlag sehen, sondern es soll, wie früher, unserm Hausrath der höchste Schmuck werden. Wir wünschen, daß es ein Mittel sei, uns die verlorene Gediegenheit der Umgebung wieder zu gewinnen. Was wir heutzutage an

Möbeln besitzen, ist nicht danach angethan, das Gefühl der Pietät in uns zu erwecken, selbst wenn es von unsern Eltern stammt. Es vermag kaum die Mode eines Jahrzehnts zu überdauern, während den Resten der älteren Kunst nicht einmal der Stilwechsel der letzten Jahrhunderte das Leben nehmen konnte. Wer aber an einem Geräth das Wappen der Familie anbringt, der wird von selbst nach möglichster Gediegenheit streben. An einem Dutzendmöbel ist ein Wappen an und für sich lächerlich.

So könnte uns das Wappenwesen mit dazu verhelfen, daß wir unsere häusliche Umgebung wieder achten und liebgewinnen lernen, daß wir uns ererbter und wieder zu vererbender Geräthe freuen. Die decorative Kunst hat an der Heraldik einen kräftigen Bundesgenossen, dessen Eingreifen sich schon jetzt an verschiedenen Techniken klar nachweisen läßt. Wir erinnern an die Glasmalerei, die Arbeit des Graveurs und Steinschneiders. Auf der heraldischen Ausstellung kommt noch eine Technik hinzu, die früher in Norddeutschland keinen Vertreter hatte, es ist die Arbeit in geschnittenem und getriebenem Leder, die wesentlich durch die Heraldik aus einem bloßen Versuch zu einer wohlgegründeten Industrie geworden ist.

Technik

Wenn wir das in unserer Jugend gelernt hätten!
rief einer der hervorragendsten unter unseren älteren
Künstlern ein über das andre Mal, als ich mit ihm
die Ausstellung der Schülerarbeiten im Lichthof des
Gewerbemuseums durchwanderte. Wenn einer da-
gewesen wäre, der uns das hätte lehren können!
Die Aquarellmalerei, die unter den Händen der
jüngeren Generation Wunder verrichtet, existirte
eigentlich gar nicht. Was unter dem Namen ging,
war meist nur eine bunt ausgetuschte Federzeichnung.
Daß diese Technik ihre eigenen Gesetze habe, und zu
welchen Wirkungen sie es bringen konnte, darüber
war sich Niemand recht im Klaren. Sie erschien
uns als eine Spielerei und war wenig geachtet. Als
aus England und Frankreich die ersten Nachrichten
ihrer ungeahnten modernen Entwickelung kamen, als
wir die ersten „Effectstücke“ sahen, da stritten wir
uns ganz ernsthaft, ob denn das Aquarell auch ein

Recht zur Bewältigung selbstständiger Aufgaben habe.
So waren wir damals! Erst nach und nach ließen
wir dem Erfolg gegenüber die Bedenken fahren.
Aber es war für die meisten von uns zu spät, um
noch zu lernen. Wir haben überhaupt in unserer
Lehrzeit viel zu viel zeichnen müssen und zu wenig
gemalt. Was hier die früheren Schüler des Kunstgewerbemuseums auf eigene Faust vollbracht haben,
das hätten vor dreißig Jahren viele unserer Coryphäen
nicht vermocht.

Dieser Ausbruch, den ich übrigens ähnlich bei
den verschiedensten Gelegenheiten auch von andern
Künstlern der alten Garde gehört habe, giebt uns
einen Maßstab für den wirklichen Fortschritt in den
Grundlagen der bildenden Kunst. Sonst pflegt das
Alter nur Verfall zu sehen, und aus dem Munde
eines Dichters oder Musikers werden wir heutzutage
schwerlich einen Hymnus auf die Qualitäten des Nach-
wuchses zu hören bekommen. Unsere Maler und
Bildhauer, die unter der Herrschaft anderer Ideale
aufgewachsen sind, pflegen im Gegentheil unbedingt
gelten zu lassen, was ihnen selbst nicht mehr erreichbar.
Sie sehen in dem Eifer, der an die Neugestaltung
der Technik gesetzt wird, nicht ein Zeichen des Ab-
sterbens, sondern den Anfang des Neuen.

Man könnte vielleicht auch unsre alles Technische cultivirende Malerei und Sculptur als den Abschluß der verflossenen Periode der philosophirenden Geschichtsmalerei auffassen, und diejenigen, welche in dieser letzteren nicht einen Annex der literarischen und philosophischen Bewegung sondern eine selbstständige große nationale Kunstblüthe sehen, mögen wohl zu solcher Auffassung neigen. Dann stände die jüngste Künstlergeneration etwa in einer Linie mit den Glattmalern nach Art des Adriaen van der Werff, in denen sich am Anfang des vergangenen Jahrhunderts die niederländische Kunst auslebte, und in weiterer Folge mit jeder Epigonenkunst, der in Literatur oder Musik eine große Epoche die Gedanken vorweg genommen hat, und die nun ihre Kraft an die Ueberoultur der Form setzt. Doch das wäre ein ein großer Irrthum, denn die vergangene Periode der deutschen Kunst besaß ja überhaupt keine originale Technik irgend welcher Art und betrachtete deren Ausbildung als der hohen Kunst unwürdig.

Von diesem Standpunkt aus dürften wir uns an allen technischen Fortschritten unserer Tage herzlich freuen, denn sie müssen uns als Verheißungen erscheinen. Wir werden in ihnen nicht die Materialisation der Kunst sehen, sondern die Zubereitung ihres

5

eigenſten Bodens. Wir werden uns aber auch hüten, das Erreichte zu überſchätzen. Bei Allem, was Einzelne leiſten, ſtehen wir doch erſt am Anfang. Das wird gerade von Denjenigen unter den Künſtlern am rückhaltloſeſten anerkannt, die durch eigene Arbeit am weiteſten vorgeſchritten ſind. Vor dem in langer Tradition geſteigerten Können vergangener Epochen beugen auch ſie noch das Haupt. Es giebt gar nichts Verkehrteres, als der ſo oft gegen die moderne Kunſt erhobene Vorwurf, ihre Leiſtungen gipfelten in der techniſchen Virtuoſität. Das iſt es ja gerade, was ihr fehlt.

Die Arbeit Einzelner kann ihr die abſolute Herrſchaft über die Mittel nicht zurückerobern. Zum Erfolg bedarf es der Betheiligung aller irgendwo und irgendwie Schaffender. Nur auf dem breiteſten Untergrunde handwerksmäßigen Könnens vermag die edelſte Blüthe der Kunſt zu gedeihen.

Gerade deshalb iſt die Thätigkeit der gewerblichen Schulen und verwandter Inſtitute von Bedeutung, weil ihre Methode Sehen und Verſtehen lehrt, wo ſonſt nur mechaniſch agirt wurde, und es iſt die ein= fache Conſequenz der richtigen Erkenntniß, daß eine ge= ſunde Methode in alle Elementarſchulen getragen wird. Bisher war dort der Zeichenunterricht eine Art brod=

loser Kunst, ein Füllmittel, das nur geduldet wurde, weil man gegen den höheren Unterricht in Geschichte und Sprachen ein mechanisches Gegenmittel brauchte das für eine Stunde den angestrengten Geist ausruhen sollte. Das wird jetzt anders, und hätte längst in bessere Bahnen eingelenkt werden müssen. An die Stelle der fruchtlosen Spielerei tritt ein folgerichtiger Unterricht, der vom ersten Schuljahre an die Augen öffnet. Was läßt sich im Lauf von sechs oder zehn Jahren bei richtiger Ausnutzung der Zeit erreichen! Die Knaben nehmen eine sichere Grundlage mit, die ihnen die in spätern Jahren so schwerfallende Aneignung der Anfangsgründe erspart, die Mädchen besitzen die Mittel, innerhalb ihrer weiblichen Arbeiten sich frei zu bewegen, und Alle erringen ein offenes Auge für fremde höhere Leistungen. Was würden wir darum geben, wenn uns die Schule mit den elementaren Fähigkeiten ausgestattet hätte!

Auch die höheren Schulen dürfen nicht, wie bisher, den Zeichenunterricht bei Seite setzen. Gerade die Gebildeten, welche doch die Führer sein sollten, bedürfen des offenen künstlerischen Sinnes.

Vielleicht wird uns auf diesem Wege auch ein Dilettantismus im besten Sinne gewonnen, den wir jetzt leider nur in der Musik kennen, wo er unfruchtbar

5*

eine Riesensumme nationaler Kraft vergeudet. Würde einmal zwanzig Jahre in productiver Arbeit angelegt, was unser armes Volk sich heute seine Musik kosten läßt! Doch möglicher Weise fällt der nothwendige Rückschlag noch mit dem Aufschwung der bildenden Künste zusammen, und die freiwerdende Energie kann sich noch zur rechten Zeit an ihrer Hebung betheiligen.

Wir Deutschen haben gegenwärtig leider einen ganz besonderen Haß gegen den Dilettantismus. Unsere Wissenschaft hat durch ihr hochmüthiges Abwehren so gut wie gänzlich den Zusammenhang mit den gebildeten Classen verloren. Zu ihrem großen Nachtheil, denn wo das Verständniß aufhört, giebt es auch keine Opferwilligkeit mehr. Daß von unserer deutschen Geldaristokratie so unverhältnißmäßig weniger für wissenschaftliche Zwecke geschieht als in England oder Amerika, haben sich die Gelehrten selber zuzuschreiben. Wo einmal angepocht wird, wie es beispielsweise von unsern Ethnographen geschieht, da springt lebendiges Wasser aus dem Fels. Und was hat nicht die englische Wissenschaft dem Dilettantismus zu danken! Welche Fortschritte schuldet drüben die Technik dem Dilettantismus! Von den Leistungen eines Dilettanten in den bildenden Künsten hat uns vor einigen Jahren in der Nationalgalerie die Ausstellung der Radirungen des Arztes Seymour haben ein beschämendes Beispiel gegeben. Wir Deutschen aber haben seit zwei Menschenaltern den hingebenden, opferfreudigen Dilettantismus unbarmherzig erschlagen, wo er sein Haupt zu erheben versuchte. Jetzt ist er scheu und treibt sein Wesen nur noch im Verborgenen. Nur bei der Musik nicht, Gott sei's geklagt.

Auch in der bildenden Kunst haben wir mit ihrem eigensten Character im Widerspruch die Kaste der Privilegirten zu schaffen gewußt, die in unsere Gesellschaft jene furchtbare Kluft zwischen den akademisch Gebildeten aufgerissen und denen, die es nicht sind. Unsere Maler-Akademien haben einen Künstlerstand erzeugt, wie wir Juristen und Philologen besitzen. Wer eine Akademie besucht hat, sieht den zehnmal tüchtigeren Künstler, der auf eigene Faust gelernt, als einen unberechtigten Eindringling an. Mit dem Kunstgewerbe steht die Akademie nur durch einzelne Individuen zufällig in Verbindung, nicht constitutionell, wie es sein sollte, indem ihr alle höher wachsenden Kräfte systematisch zugeführt würden. Unberufenen öffnet sie die Thür und Thor, und man kann die höhere Kunst heutzutage eigentlich ohne Weiteres zu den Brodstudien rechnen, und man glaube ja nicht, daß die Mehrzahl der an den Akademien zu zunft-

mäßigen Künstlern ausgebildeten jungen Leute nicht
ohne Weiteres durch eine beliebige Auswahl unter
denen, die zufällig Juristen oder Mediciner werden,
hätte ersetzt werden können, ohne daß man damit
ein wesentlich anderes Resultat erzielt hätte. Denn
das Aeußere der Kunst ist für jeden normalen Menschen
bis zu einem gewissen Grade erlernbar.

1885

Eine Concurrenz

Wir wissen uns nicht zu besinnen, daß eine Denkmal-Concurrenz in Berlin eine solche Aufregung hervorgerufen hat, wie die um das Lutherdenkmal. An dem Helden, den das Monument ehren soll, liegt es nicht. Er gehört zwar zu den populärsten Gestalten unserer Geschichte. Vielleicht könnten wir aus älterer Zeit außer dem alten Fritz keine andre nennen, die so leibhaftig in der Phantasie des ganzen Volkes wandelt. Aber er steht der großen Masse, namentlich der Gebildeten, doch schon zu fern, hat zu wenig Action auf das von ganz andren Mächten bewegte Geistes- und Gemüthsleben weiter Kreise, als daß die Erinnerung an ihn die Massen elektrisiren könnte.

Auch den 47 kleinen Modellen, die eingegangen waren, fehlte durchaus der sensationelle Character. Mit den meisten konnte das große Publicum absolut nichts anfangen. Die drei, fünf, zuweilen bis zu

zwölf skizzenhaften Püppchen auf mehr oder weniger
mißlungenen Postamenten waren mit Ausnahme des
zu oberst aufragenden Luther für den Besucher
ebensoviel unlösbare Räthsel — waren sie es doch
auch in der Regel dem Künstler gewesen. Künstlerische
Anregung aus diesen Versuchen zu schöpfen, waren
sicher außerhalb der Fachkreise nur äußerst wenige
im Stande.

Was war es, das Tausende in die engen Aus-
stellungsräume der Akademie zog, in denen es Sonntags
so voll war, daß der Besuch fast vergeblich wurde?
Alle Stände drängten sich um die Skizzen. Nachdem
der Geheimrath mit seinen blassen Töchtern aus dem
Westen, der Banquier mit seiner geputzten Familie
aus dem Thiergartenviertel an den Wochentagen das
Feld allein gehabt, wogte am Sonntag ein ganz
andres Publicum aus dem Centrum der Stadt durch
die Säle: der behäbige Handwerker mit Frau und
Kindern, der Kaufmann und kleine Beamte, ein
Publicum, das man sonst auf Berliner Kunstausstellungen niemals zu Gesicht bekommt.

Die Ursachen dieses großen Andranges liegen in
einer Reihe äußerer Umstände.

Die Bevölkerung aus dem Innern der Stadt
würde sicherlich kein so nachhaltiges Interesse gezeigt

haben, wenn für das Denkmal ein Standort im
Thiergarten oder in der Nähe der Linden projectirt
gewesen wäre. Was dort zur Verschönerung geschieht,
läßt die Bewohner des Centrums ziemlich kalt.
Was haben sie davon? — Das Lutherdenkmal aber
soll auf dem Neuen Markt errichtet werden, nicht
weit vom Rathhaus, inmitten des alten Berlin, für
das unser Jahrhundert noch so wenig gethan hat.
Die dort wohnen, sind vielfach in Berlin geboren,
was für die erwachsene Generation des Westens nur
in seltenen Ausnahmefällen gilt. Ein Denkmal, das
in der inneren Stadt errichtet werden soll, appellirt
an einen Localpatriotismus, der in dem Westen mit
seiner zugewanderten Bevölkerung erst von der nächsten
Generation erwartet werden kann.

Daß auch die aristokratische Gesellschaft des Thier=
gartenviertels eine so lebhafte Theilnahme bezeugte,
entsprang aus den neuen Bedingungen, unter denen
die Concurrenz dem Publicum vorgeführt wurde:
die Projecte waren vierzehn Tage vor dem Zusammen=
treten der Jury öffentlich ausgestellt.

Dies ist eine Neuerung, die bei Künstlern und
Laien den einmüthigsten Beifall gefunden hat. Wir
Alle haben diese Veränderung des Verfahrens im
Interesse der Künstler und des Publicums längst

erfehnt. Wir waren ftets darüber einig, daß der bisherige Modus für beide Theile gleich fchädlich wirkte. Erft wenn der Spruch gefallen war, öffneten fich die bis dahin ängftlich gehüteten Pforten dem Publicum. Es kam herbei ohne große Erregung, eigentlich nur, um fich den erften Preis anzufehen, vielleicht noch die übrigen preisgekrönten Projecte, warf noch einen flüchtigen Blick auf die große Maffe der Unterlegenen und ging. Wozu nußte auch deren Betrachtung. Für die große Maffe ift eine Jury fo gut Autorität wie jeder Beliebige, der in Zeitungen oder in mündlicher Rede ein Urtheil fällt. Sie ift nur zu froh, wenn ihr in künftlerifchen Dingen das eigene Urtheil erfpart bleibt.

Und felbft Diejenigen, die aus Erfahrung wiffen, durch welche Compromiffe in den meiften Fällen das Urtheil der Jury zu Stande kommt, fühlen nach= träglich nur felten noch Luft, fich durch vergleichendes Studium eine eigene Anficht zu bilden. Es ift eben vergebliche Arbeit.

So haben wir denn beftändig erleben müffen, daß von der ungeheuren Summe von Arbeit, die jede Concurrenz koftete, neunzig Procent ein Schlag ins Waffer war. Der Sieger hatte das Loos gezogen, die übrigen hielten blanke Nieten in der Hand. Kaum

daß in den nächsten Fachkreisen die tüchtige Leistung
dem Abgefallenen Ehre und Ansehen eintrug. Wir
sind einmal so organisirt, daß in unseren Augen selbst
der zufällig Unterlegene im Unrecht ist. Das hat
fast die Kraft eines Naturgesetzes. Der Architect
legt die Blätter, die er ungekrönt zurück erhält, in
seine Mappen und zeigt sie vielleicht einmal halb
verschämt in einer stillen Stunde dem vertrauten
Freunde; der Bildhauer und Maler läßt die Skizzen,
die ihm keinen Lorbeer eingetragen, in dunklen Ecken
seines Ateliers verkommen. Sie Alle können an die
Ursachen ihres Mißerfolges nicht denken, ohne einen
Biß der Reue über die verlorene Zeit und Arbeit,
über die verschwendete Productionskraft zu empfinden.

Das ändert sich, sobald das Publicum vor der
Jury zugelassen wird.

Nun hilft ihm nichts, es muß sich jedes Project
ansehen. Es muß sich Zeit lassen, in die Gedanken
aller Mitstrebenden einzudringen, muß mit Sammlung
erwarten, wo und wie eine Erscheinung künstlerische
Wirkung übt, kann nicht mehr gleichgültig umher-
lungern. Es fühlt sich gestärkt und gehoben, daß
ihm die Selbstständigkeit des Urtheils zugetraut wird,
und obendrein erfährt es den Reiz der Spannung, ob
seine Meinung die der Jury sein wird. Einmaliger

flüchtiger Besuch genügt nicht mehr. Für die Erziehung des Publicums zur Kunstbetrachtung ist damit ein kräftiger Hebel gewonnen.

Der Künstler kommt viel besser dabei weg, denn die vierzehn Tage vor dem Zusammentritt der Jury fällt der Sonnenschein des allgemeinen Interesses ohne Unterschied auf Gute und Böse. Keine Leistung kann mehr ganz unter den Tisch fallen.

Und schließlich ist die Jury wohl oder übel gezwungen, mit der öffentlichen Meinung zu rechnen, was bisher eigentlich nicht nöthig war, denn eine solche kam in den meisten Fällen gar nicht zu Stande. Es ist ja bekannt, wie schwer es hält, daß sich ein halbes Dutzend Männer verschiedener Berufskreise über die Bezeichnung des Besten unter hundert Projecten einigen, daß es für die zweiten und gar die dritten Preise erst nach unendlichen Debatten zu einem Resultate kommt. Es ist vorgekommen, daß Projecte, die für einen der ersten Preise tagelang in Discussion standen, schließlich nicht einmal unter den angekauften figurirten. Wo aber Tausende vorher schon gesichtet haben, und unter diesen zahlreiche competente, vorurtheilslose Männer, wird auch der Jury das Amt erleichtert. Wir sind überzeugt, daß manches Urtheil anders ausgefallen wäre, wenn dem Spruch der Jury ein

Plebiscit vorausgegangen. Auf alle Fälle wird sie
genöthigt sein, ihr Urtheil öffentlich zu begründen,
wenn das Publicum vorher zugelassen war.

Bei der Ausstellung der Concurrenzprojecte zum
Lutherdenkmal haben wir in Berlin den Segen der
neuen Einrichtung zum ersten Mal erlebt. Wir
glauben nicht, daß man zu der alten Weise zurück=
kehren kann, ohne daß sich ein heftiger Widerspruch
in allen Kreisen erhebt. Selbst für die Architectur,
deren Beurtheilung dem großen Publicum noch
schwerer fallen muß als die der verwandten Künste,
hat sich die Mehrheit zu Gunsten des rationelleren
Modus entschieden.

Ueber die Preise des Lutherdenkmals hat die Jury,
wie es heißt, erst nach langen Berathungen sich einigen
können. Ihr Spruch ist anders ausgefallen, als man
im Allgemeinen erwartet hatte.

Künstler und Publicum hatten sich fast einstimmig
für einen Entwurf erklärt, der von den Preisrichtern
wegen eines Verstoßes gegen das Programm außer
Concurrenz gestellt wurde.

Das Programm hatte ausdrücklich die Verwendung
allegorischer und symbolischer Figuren ausgeschlossen.
Man hatte damit offenbar die leeren Allgemeinheiten
des Glaubens u. s. w. treffen wollen. Nun will der

Zufall, daß sich ein Künstler über diese Bestimmung
hinwegsetzt und gerade durch die Schöpfung von vier
symbolischen Gestalten der Idee eines Lutherdenkmals
den kräftigsten, stimmungsvollsten Ausdruck verleiht.
Es ist Otto Lessing mit seinen vier Evangelisten=
Symbolen am Sockel.

Ueber die Nothwendigkeit des Verbotes allegorischer
Gestalten am Sockel des Lutherdenkmals läßt sich
streiten. Mir will scheinen, als ob die Concurrenz
nicht viel anders ausgefallen wäre, wenn man es
unterlassen hätte. Der Typus des modernen Denkmals für einen Helden der Geschichte ist eine Art
eherner oder steinerner Schule von Athen. Um den
zu feiernden Helden gruppirt man seine bedeutendsten
Mitstreiter. Für Luther stand überdies das Riesen=
denkmal Rietschel's als maaßgebend fest. Diese
Form des Denkmals gehört unserm Jahrhundert an.
Frühere Zeiten besaßen ja überhaupt nicht entfernt
die Denkmalswuth, die unsere Zeit charakterisirt.
Noch im vergangenen Jahrhundert hätte man es
kaum begriffen, einem Andern als dem Fürsten ein
Monument auf freiem Platz zu errichten. Ein
Grabmal, ja; auch wohl für den Gelehrten eine
Büste in der Bibliothek, für den Dichter im Schau-
spielhaus, aber damit hatte es sein Bewenden. Als

nun in unserem Jahrhundert die Bourgeoisie sich in
großen und kleinen Städten besann, wem sie irgend ein
Denkmal errichten könnte, da mußte es so kommen, daß
der Typus des Monuments sich nach den herrschenden
Ideen des Historienbildes gestaltete. Statt eines
schlichten, auf sich selbst gestellten Kunstwerks entstand
ein mühseliger Abriß aus der Geschichte. Man
halte in dieser Beziehung einmal unter den Berliner
Denkmälern die Reiterstatuen Friedrich's des Großen
und des Großen Kurfürsten zusammen.

Ich glaube, es wären nicht viele Projecte für das
Lutherdenkmal aufgetaucht, bei denen die Allegorie
irgend eine Rolle gespielt hätte. Weit eher hätte
man die Anbringung historischer Personen verbieten
sollen. Sie sagen keinem Menschen etwas, der
Beschauer muß sich, wenn er nicht gerade Specialist
der Geschichte in der betreffenden Periode, mit ebensoviel Mühe hineindenken, wie der Künstler zu den
Vorarbeiten der Production brauchte. Und nachher
lohnt das Ergebniß weder den einen noch den andern.
Diese historischen Denkmäler sind kurzweg langweilig.

Da nun die allegorischen und symbolischen Figuren
einmal verboten waren, mußte Otto Lessing's Entwurf von vornherein ausgeschlossen werden. Er ist
auch nachher nicht angekauft worden, was überall

Auffehen erregt hat. Das Denkmal erhebt sich als Brunnenanlage auf einer Terrasse. An den vier Seiten des Postaments lagern die Symbole der Evangelisten. Der Gedanke ist ungemein erfreulich. Vorn der knieende Engel, zu beiden Seiten die gewaltige Silhouette der lagernden geflügelten Vier= füßer, hier der Löwe, dort der Stier; auf der Rück= seite der Adler. Das gruppirt sich mit zwingender Nothwendigkeit. Ein solcher Reichthum der Motive, und wohlverstanden rein künstlerischer, unmittelbar verständlicher und volksthümlicher Motive läßt sich mit vier sitzenden historischen Figuren absolut nicht erreichen. Die Beziehung auf Luther ist im Moment klar, aber die Gestalt des Reformators wird in keiner Weise beeinträchtigt. Kein anderes Postament hätte so energisch Stimmung gemacht, keins wäre auch so populär geworden; die Thiere hätten ein Wahrzeichen der Stadt abgegeben. Man hat gefürchtet, der Berliner Volkswitz, der schon so manchem Denkmal die Narren= kappe aufgesetzt, würde sich über die ungewohnten Thiergestalten hermachen. Ich glaube es nicht. Und wenn, der künstlerisch richtige Gedanke lebt länger als ein Witzwort.

Moderne Gartenkunst

Auf keinem Gebiet hat unſere Zeit ſo viel nach-
zuholen, wie auf dem des Gartenbaues in ſeiner
künſtleriſchen Ausbildung. Nirgend haben ſich
Principien, die in ihrer einſeitigen Uebertreibung
durchaus falſche genannt werden müſſen, ſo feſtgeſetzt.
Denn während für das Kunſtgewerbe in den erſten
fünfzig Jahren unſeres Jahrhunderts bei uns nur
ganz ausnahmsweiſe etwas aufgewendet wurde,
machten Privatleute und der Staat, die für künſtleriſche
Zwecke ſonſt nichts thaten, für Gartenanlagen oft
erhebliche Ausgaben. Bis in unſere Zeit war zum
Beiſpiel in den reichen Hanſeſtädten, Hamburg voran,
der einzige künſtleriſche Curus, den ſich der Reichthum
geſtattete, die Unterhaltung eines fürſtlichen Gartens.
Jene lange Flucht großartiger Parks am Elbufer iſt
ein redender Zeuge einer Epoche, in welcher der
Kaufmann von Durchſchnittsreichthum für ſeinen
Garten alljährlich Summen ausgab, die, auf dem

Gebiet der bildenden Kunst angelegt, ihn zu einem
namhaften Mäcen gemacht hätten.

Zu derselben Zeit fielen in einer ganzen Reihe
großer Städte die Befestigungswerke, und es wurden
auf ihrem Terrain öffentliche Gartenanlagen her=
gerichtet. Es kam hinzu die Errichtung botanischer
und zoologischer Gärten. Wie es bei so vielen
anderen künstlerischen Aufgaben in unserm Jahr=
hundert ging, sie wurden einem Geschlechte gestellt,
das ihnen nicht gewachsen war. Bis in die jüngste
Zeit wurde ausnahmslos der sogenannte freie englische
oder der landschaftliche Garten als Ideal jeglicher
Anlage angesehen, mochte es sich um einen Park
oder einen elenden, von Häusern umschlossenen Hof
handeln. Doch vielleicht ist es für künftige Ver=
besserung ganz gut, daß man sich nicht auf den
architectonischen Garten geworfen. Was wäre erst
daraus geworden!

Wir sind heute noch weiter zurück als England
und Frankreich. Hier herrscht eine alte Tradition,
die sich bei aller Freiheit der Anlage neuer Parks an
der Pflege der großen historischen Gärten — Versailles
— erhalten hat. In England, dem europäischen
Vaterlande des landschaftlichen Gartens, hat man das
alte architectonische Princip längst wieder aufgenommen,

wie die Anlage zu Sydenham beweist, wo der Garten mit einer großen Architectur zusammengeht. Bei uns ist es bis jetzt in keiner großen Anlage zur Geltung gekommen.

Aengstlich und schüchtern drängen sich die symmetrischen Beete, die ersten Vorläufer strengerer Gliederung, bei uns in die Nähe des Hauses, bei öffentlichen Anlagen in die Nähe des Denkmals.

Diese Principienlosigkeit, namentlich bei der Einrichtung öffentlicher Anlagen, ist ein schlimmer Zustand, denn diese spielen im Leben des modernen Großstädters eine so hervorragende Rolle, daß alle Mittel aufgeboten werden sollten, um ihnen die künstlerische Weihe zu geben. Uns ist mit einigen mittelmäßigen oder gar ganz schlechten Sandsteinstatuen und einigen kümmerlichen Brunnen nichts gethan. An einem Orte, der so oft von der ganzen Bevölkerung in größter Muße besucht wird, sollte jedes Ausstattungsstück künstlerisches Gepräge tragen. Man darf nicht vergessen, daß bei uns die Ausstattung keines öffentlichen Gebäudes entfernt dieselbe Wirkung üben kann. Wie verhalten sich aber die Verwaltungen unserer Großstädte zu der Frage?

Man darf der Stadt Berlin nicht den Vorwurf machen, daß sie die Gartenanlagen vernachlässige. Im

Gegentheil. Seit sie die Stadtverwaltung des Thier=
gartens in die Hand genommen, hat er sich unaus=
gesetzter Pflege zu erfreuen und gehört zu den best=
unterhaltenen Parks. Die Anlagen auf dem Pariser
und Leipziger Platz sind musterhaft gehalten. Große
Parks im Süden, Osten und Norden sollen für das
zukünftige Bedürfniß sorgen und sind wie der Humboldt=
und Friedrichshain schon jetzt der Bevölkerung der
angrenzenden Stadttheile unentbehrlich. Aber das
ist eigentlich Alles nur Rohmaterial. Künstlerisch
gehalten wird nur der Pariser Platz mit seinen beiden
langen, schmalen, von Rosenbeeten eingehegten Rasen=
flächen, in deren Mitte eine schlichte, aber starke
Fontaine springt. Wie bescheidene Grenzen sind
jedoch der Kunst dabei gesteckt. Auf diesem vor=
nehmsten Platz der Hauptstadt mit dem Hotel der
französischen Botschaft, dem Brandenburger Thor und
Schinkel's Palais Redern, stehen die langweiligsten
gußeisernen Candelaber, die um so trübseliger wirken,
als sie von ungewöhnlichen Dimensionen sind. —
Bei allen übrigen Anlagen sucht man so weit
wie möglich die Illusion einer freien Landschaft zu
erheucheln. In einer Minute kann man vom Pariser
Platz in die tiefe Waldeinsamkeit gelangen. Daß
dieser Gegensatz etwas Brutales hat, dafür haben

wir alle Empfindung verloren. Ueber die Pflege
der Anlagen hinaus geschieht so gut wie nichts.
Was an Bänken und sonstigen seltenen Ausstattungs-
stücken vorhanden, ist durchweg unwürdig.

In Wien steht es eher noch schlimmer. Ein
Muster von Geschmacklosigkeit und unverständiger,
unpractischer Disposition sind die Anlagen am Franzen-
ring in architectonisch günstigster Umgebung zwischen
der Universität, dem neuen Hofschauspielhaus, dem
Parlament und dem Rathhaus. Was hätte sich hier
schaffen lassen, wenn man sich nicht auf den landschaftlichen Garten capricirt hätte! Ueberall ist einem
schon jetzt die Aussicht zugewachsen Bei der unregelmäßigen Anlage giebt es nirgend einen Ueberblick.
Sogar die beiden Brunnen liegen gänzlich im Gebüsch
versteckt. Aehnlich ungeschlacht ist der Stadtpark,
wo eine großartige architectonische Gliederung sich
ebenfalls von selbst geboten hätte, denn der Garten
ist abhängig von der dominirenden Erscheinung des
Kursalons. Aber auch hier geschlängelte Wege, ein
unregelmäßiger Teich, wilde Bosquets und zerstreute
Baumgruppen. Dabei schauen von allen Seiten die
Straßenhäuser hinein. Die Kunst geht sonst überall
dem Kampf mit der Unmöglichkeit aus dem Wege.
Was sie nicht kann, das will sie auch nicht und sie pflegt

ihre Abficht in folchem Falle befonders zu betonen.
Läßt fich die Illufion einer freien Landfchaft auf
engem Raum zwifchen großartiger Architectur nicht
erreichen, fo ift das ftiliftifch Gegebene der ftreng
architectonifche Garten, der aus der Noth eine Tugend
macht. Man hätte in Wien die Vorbilder nicht weit
gehabt. Der mufterhafte Garten auf dem Abhang
vor dem Belvedere liegt mitten in der Stadt. — Was
die Bänke, Beleuchtungskörper und Gitter anlangt,
fo fteht es in Wien nicht wefentlich beffer als bei
uns in Berlin.

Vorläufig ift auch wohl keine Ausficht auf eine
baldige Wendung zum Befferen. Es ift eben noch
das künftlerifche Bedürfniß nicht vorhanden. Daher
haben wir zu allernächft die Mittel ins Auge zu faffen,
der gebildeten reifenden Gefellfchaft die Augen zu
öffnen, daß fie überall die Refte der alten architectonifchen
Gärten auffucht und unbefangen auf fich wirken läßt.

Farbige Sculptur

I.

Vor einiger Zeit stand ich mit einem unserer
angesehensten jüngeren Künstler, der zugleich ein sehr
scharfer Kopf, vor einem viel besprochenen Bilde. Als
wir bereits eine ganze Weile über alle Einzelheiten
debattirt hatten, sagte er plötzlich: Was stellt's denn
eigentlich dar? und fügte hinzu, als mich diese späte
Frage nach dem Stoff verwunderte, es ginge ihm immer
so, daß ihm erst nach längerer Bekanntschaft mit
einem Kunstwerke nebenbei die über das rein Künst=
lerische hinausgehende Absicht des Urhebers, der so=
genannte Inhalt einfalle.

Welch ein Abstand zwischen dieser Anschauungs=
art, die in den Kreisen der jüngeren Künstler ganz
verbreitet ist, und der des weiteren Publicums, das zum
Genuß eines Gemäldes oder einer Statue keinen

andern Zugang hat als den Stoff, ja, vielleicht überhaupt kaum zu einem andern Genuß kommt als am
Stoff. Empfänglichkeit für das Wesen der bildenden
Künste wird zu allen Zeiten von Nichtkünstlern nur
durch lange hingebende Arbeit zu erringen gewesen
sein. Kein Gedanke, daß in Perioden hoher Kunstblüthe mehr als das Interesse in breitere Schichten
gedrungen. Verständniß war immer nur das Erbtheil weniger Auserlesener. Aber so lange ein
überreicher religiöser Stoff, der zugleich alle Zauber-
kräfte der Phantasie und die ganze Gewalt des
Gemüths entfesselte, die Voraussetzung jedes künstlerischen Schaffens bildete, konnte der Gegensatz derer,
die das Wie und derer, die das Was interessirt, nicht
so schroff in's Bewußtsein treten wie heute, wo es
keine Stoffe im alten Sinne mehr giebt, wo die
Erfindung des Künstlers nicht erst bei der Gestaltung,
sondern schon beim Inhalt anfängt.

Nirgend tritt die träumerische, Eindrücken der
bildenden Kunst gegenüber gleichsam blöde Sinnes-
art schärfer zu Tage als bei der Plastik. Man muß
nur einmal die Rathlosigkeit des großen Publicums
in den Sculptursälen beobachten. Ein Gedränge,
wie es vor jeder beliebigen Nullität von Genrebildern
entstehen kann, wenn es nur das Zeug in sich hat,

für einen Moment zu amüsiren, kommt vor einer Büste unter fünf Salons immer nur auf einem einmal vor, und dann sicherlich nicht aus künstlerischen Gründen. Es kann einem leid thun, vor Statuen, Büsten und Reliefs, die ihrem Urheber das Herzblut gekostet haben, stundenlang nie einen Passanten anders als auf dem Wege von einem Bildersaal in den andern zu flüchtiger Kenntnißnahme anhalten zu sehen. Und dabei ist die Plastik ihrem Wesen nach zugänglicher als ihre Schwesterkunst. Lange bevor das Kind ein Bild erkennen kann, greift es mit beiden Händen nach der Puppe.

Man pflegt die Abwendung von der Plastik bei den nordischen Völkern wohl auf eine mehr auf das Malerische gerichtete Phantasie und Anschauung zurückzuführen. Ein Blick auf die Verbreitung der Plastik zur Zeit der naiven Kunstentfaltung im Mittelalter und während des fünfzehnten Jahrhunderts beweist das Gegentheil. Unpopulär wurde die Bildnerei erst mit dem Eindringen der neuen Auffassung, zu der man in Italien um die Wende des fünfzehnten und sechzehnten Jahrhunderts gekommen war, mit einem Wort, seit der Vorherrschaft der Farblosigkeit. Die Kirche freilich, die seit Jahrtausenden studirt, was auf das Menschen=

gemüth wirkt, hat zu keiner Zeit von der Farbigkeit
der Sculptur gänzlich gelassen. Und wenn auch sie
zu Anfang dieses Jahrhunderts wankend geworden:
Weit eher als Künstler oder Gelehrte ernstlich ihre
Blicke auf die Möglichkeit einer Wiederbelebung der
alten Sitte richteten, hat sie die Farbigkeit in vollem
Umfange wieder hergestellt. Die große Wirkung
einer mittelmäßigen, süßlichen, mit allen Mängeln der
modernen Kunst behafteten, aber farbigen Sculptur in
katholischen Kirchen überkommt den in protestantischen
Ländern Aufgewachsenen beim ersten Anblick wie eine
Offenbarung: Zu einer weißen Madonna läßt sich
so gut nicht beten; denn sie ist nicht so gegenwärtig
wie die in ihrem rothen Mantel mit der goldenen
Krone auf dem langen, blonden Haar, die so mild
das Antlitz neigt.

Seit mehr als fünfzig Jahren wird das Thema
von Gelehrten und Philosophen erörtert. Fast ebenso
lange ist es her, daß die ersten Versuche von Künstlern
angestellt wurden. Noch ist jedoch kein greifbares
Resultat zu verzeichnen. Man ist so weit wie am
ersten Tage entfernt, den richtigen Weg gefunden
zu haben. Und doch drängt bewußt und unbewußt,
widerstrebend sogar, eine Sehnsucht nach Farbe.
In einer Ausstellung überrascht bereits eine rein

weiße Marmorstatue als Ausnahme. Die Tönung, welche heutzutage auch von den Abgeneigtesten zugestanden wird, fällt schon gar nicht mehr als überhaupt vorhanden auf.

Das größte Hinderniß für eine ruhige Entwicklung scheint in dem beständigen Hereinziehen der Autorität der Antike zu liegen. Ihr Vorgehen ist für die practische Lösung der Frage vollkommen gleichgültig, solange nicht eine gut erhaltene vollständig bemalte Marmorfigur nachgewiesen werden kann, die ein Vorbild abgiebt. Bis dahin bleibt die vielumstrittene Polychromie der antiken Plastik eine Streitfrage der Gelehrten. Fällt die Antwort bejahend aus, so mag das dem modernen Künstler einen moralischen Rückhalt geben; wird, was allerdings nicht wahrscheinlich, eine alle Perioden beherrschende Farbigkeit endgültig verneint, so entbindet dies den modernen Künstler in keinem Falle von der Pflicht des Versuchs. Denn einer farblosen Plastik der Antike würde eine unbedingt farbige aller übrigen Völker der Welt gegenüberstehen. Die Fragen, mit denen man sich heute theoretisch und praktisch abmüht, sind längst und an den verschiedensten Orten zu den verschiedensten Zeiten unabhängig in demselben Sinne endgültig gelöst. Die japanische Plastik — unser Museum besitzt eins der überraschendsten Beispiele — die älteste ägyptische, die italienische des fünfzehnten und die spanische des siebzehnten, um nur die höchsten Gipfel zu nennen, sind im Wesentlichen zu ganz denselben Ergebnissen gelangt. Ueber alle sind wir unterrichtet, von allen sind uns tadellos erhaltene Werke in allen denkbaren Materialien — Marmor eingeschlossen — überliefert, aber wir lassen das Alles bei Seite liegen und wenden uns ängstlich nach dem Beispiele des einen Volkes, von dessen Geheimniß doch kein Sterblicher den Schleier zieht.

Für den Augenblick ist die Frage der polychromen Sculptur wieder einmal brennend geworden durch Bemühungen, die von Dresden ausgehen. Dort hatte Robert Diez schon längere Zeit experimentirt, als Professor Treu, der Director des Antikencabinets und des Gypsmuseums, durch Vorträge und die bekannte Broschüre „Sollen wir unsere Statuen bemalen?" die Aufmerksamkeit weiter Kreise auf die Vorgänge in Dresden lenkte. Vielfach anregend bewog er verschiedene Bildhauer und Maler, Versuche mit der Bemalung von Statuen und Büsten zu machen. Eine Ausstellung der Ergebnisse im Gypsmuseum zu Dresden verdient in mehr als einer Beziehung aufmerksam verfolgt zu werden.

Neues freilich lehren die bisherigen Versuche noch nicht. Sie bilden auch nur die Einleitung zu weiteren Studien. An einer Büste des Canzlers Oxenstierna, einer sehr tüchtigen Arbeit der Zeit, ist mit Glück der Gegensatz zwischen unbemaltem und farbig angestrichenem Gyps zur Anschauung gebracht. F. Pauwels hat sich die Aufgabe gestellt, den todten Abguß durch die Farbe zu beleben. Wer die Meisterwerke polychromer Plastik kennt, wird durch den Contrast nicht überrascht sein, so schlagend er spricht. Wo der Gyps mit seinen schwarzen Schatten und grellen Lichtern auf wenige Schritt Entfernung alle Einzelheiten der feineren Characteristik auslöscht, wirkt das farbige Seitenstück auf die dreifache Entfernung vollkommen klar und verständlich. Es kommen Details zur Wirkung, die beim Gyps und ähnlich auch beim ungetönten Marmor verschwinden, wenn auch bei letzterem nicht so schnell und völlig. Neben dem runden Bilde der polychromen Büste erscheint der Gyps platt, wie ein bloßer Contour, auch in der Masse geringer. Es kommt dabei in Betracht, daß Pauwels' Bemalung eine erste Probe, die auf Vollkommenheit keinen Anspruch macht. Auch hat sich der Künstler nicht eigentlich an die Natur gehalten, sondern den Gesammtton gestimmt nach dem Ideal des verflossenen Historienbildes. Aber

der finnende Ausdruck des geneigten Hauptes mit
grauem Haar, der energische Zug des Mundes kommen
erst in der farbigen Erscheinung heraus.

Gegenüber steht eine antike Gewandstatue, bemalt
von Otto. Nach den Grundsätzen, die sich von den
erhaltenen Werken aller Perioden und Völker ab=
strahiren lassen, dürfte das Princip, nach welchem
man bei dieser Figur verfahren, nicht das wirksamste
sein. Das Gewand ist in einem einzigen schwachen
Tone gehalten, der sich von dem des Fleisches nur
ganz unbedeutend unterscheidet. So bleibt zwar, wie
meinem Entwurf gegenüber betont wurde, die Masse
als Ganzes beisammen, was übrigens auch bei der
kräftigen Differenzirung der Theile der Fall sein würde,
aber es wird auf den Gegensatz der Theile verzichtet,
den alle früheren Perioden streng betonen. Waren
Fleisch und Gewand in Gegensatz gebracht, dann wirkte
jedes nach seinem Character. Wenn man an dieser
Stelle die Antike citiren darf, so würde die Venus
von Milo und der Sophokles genannt werden müssen.
Bei ersterer wäre man versucht, von dem Gegensatz
zwischen dem unverhüllten Oberleib, der aus den
reichen Falten des Gewandes aufsteigt, als von einem
malerischen zu reden, wenn nicht dies Motiv im
Sinne der Polychromie ein ebensogut plastisches wäre.

Doch darf man mit der unbewiesenen Antike nicht exemplificiren. Es ist auch nicht nöthig, da Beispiele aus anderen Stilen reichlich zur Hand sind. Besitzt doch Dresden selbst in dem reichen, aber wenig besuchten und fast ganz unbekannten Alterthümer-Museum alles Material, das man braucht. Unter den zahllosen Sculpturen aus alten sächsischen Kirchen, die dort aufgehäuft sind, befindet sich eine ganze Reihe lebensgroßer Holzfiguren, die das Princip illustriren. Da ist beispielsweise ein Ministrant in Lebensgröße, der ein Lesepult hält, ein Werk des fünfzehnten Jahrhunderts; er trägt 'einen großen rothen Prachtmantel, der unten umschlägt und über dem weißen Untergewande das grüne Futter zeigt, gerade wie bei dem singenden Chorknaben auf dem Altar der van Eyck. Hände, Gesicht, Haar treten im Gegensatz dazu in ihrer natürlichen Farbe auf. Um nähere Beispiele zu citiren, braucht nur auf den reichen Bestand des Berliner Museums an poly-chromen Sculpturen der Gothik und der Renaissance hingewiesen zu werden. Eine bloße Tönung, eine durchgehende Grundfarbe findet sich nirgend. Auch das Leben bietet für sie kein Vorbild. Oder wird die Einheit der Erscheinung zerrissen durch die Toilette, die Gesicht und Hände frei läßt.

Auch über die Frage, ob in den Fleischtheilen bei polychromen Figuren ein einziger Ton durchgehen soll, oder ob Wangen, Schläfen und Stirn noch wieder ihre Besonderheit haben dürfen, geben die Werke der älteren Perioden dieselbe Antwort. Dem Leben wird wie beim Gemälde in den feinsten Zügen nach= gegangen.

Neben diesen Beispielen von angestrichenem Gyps, die doch ihrer Natur nach nur von secundärer Bedeutung sein können, muß nachdrücklich auf die Versuche, Marmor zu färben, hingewiesen werden.

Mit Umsicht hat Professor Treu auch einige moderne Werke in anderem Material zur Ausstellung gebracht. Es sind Portraitreliefs in farbigem Wachs von dem Franzosen Henry Gros. Neben alten Arbeiten — man wird sich auf die schönen Medaillons besinnen, die in allen europäischen Kunstkammern auf= bewahrt werden — dürfen sie sich freilich noch nicht sehen lassen. Die Farben kommen durchweg schmutzig heraus. Aeltere Arbeiten suchen den Stil der Gattung in der strengsten, medaillenartigen Darstellung bei der feinsten Durchbildung, die an Miniaturen erinnert. Auch ging man nicht auf einen schmutzigen Gesammt= ton wie Gros, sondern setzte Gewand, Haar und Fleisch in Contrast zu einander.

Wie verlautet, soll im Laufe des Winters in Berlin eine Ausstellung polychromer moderner Versuche stattfinden, der sich eine Abtheilung mit älteren Werken anschließen soll. Man darf auf das Ergebniß sehr gespannt sein, und es muß die Veranstaltung mit großer Freude begrüßt werden. Wenn das Bemühen Erfolg hat, so wird die Wirkung auf Künstler und Publicum jedenfalls eine so starke sein, daß die Bewegung nicht so bald wieder einschläft. Ohne heftigen Kampf wird es nicht abgehen, denn auf beiden Seiten ist man nicht gewillt, nachzugeben. Der alte Hader, der in den letzten Jahren eingeschlafen, wird wieder erwachen, doch darf nicht erwartet werden, daß eine Entscheidung fallen wird. Nur vor einem schlagenden modernen Werk wird sich der Widerstand beugen.

Wenn die Polychromie siegen wird, was mir nicht einen Augenblick zweifelhaft, dann wird sich das Gebiet der Plastik mit einem Schlage um eine Unendlichkeit erweitern. Der moderne Mensch, dessen Erscheinung ihr bis dahin eine fast unüberwindliche Sprödigkeit bewies, kann ohne Abzug und Zusatz seinen Einzug in das Reich der Plastik halten, und damit erst wird die Kunst wieder, wie in naiven Zeiten, das ganze Gebiet der Erscheinung beherrschen.

7

Hierin scheint mir eins der wichtigsten Momente zu liegen, die man für die Wiederbelebung der poly= chromen Sculptur anführen kann.

Es bedarf wohl nicht der Erwähnung, daß es auch dem enragirtesten Anhänger der Polychromie nicht einfallen kann, gegen die farblose Sculptur der Bronce Front zu machen oder sie systematisch zu ignoriren. Es führen viele Wege nach Rom. Auch für decorative Zwecke wird häufig genug Einfarbigkeit oder Farblosikeit das Gegebene sein, wie denn auch das Barock die plastischen Figuren im bunten Stuck der Decken in der Regel weiß gelassen hat.

II.

Wer im Geruch steht, sich über die Farbigkeit der Sculptur eine Ansicht gebildet zu haben, der kann sich jetzt nirgend in der Gesellschaft sehen lassen, ohne daß sofort eine Hand nach seinem Knopfloch greift und ein eifriger Mund sein Glaubensbekenntniß verlangt. Wehe ihm, wenn er sich darauf einläßt! Sobald sich herausstellt, daß er der Bewegung das Wort redet, wird eine Hydra ästhetischer Formeln auf ihn gehetzt, in deren enthaupteten Hälsen kein Feuerbrand die Triebkraft zu tödten vermag. Müde des erfolglosen Kampfes mit Wahngebilden, bemitleidet ob seiner Verirrung muß der Unglückliche den Rückzug antreten. Ihm bleibt nur ein Trost: es hat doch wieder einmal eine Idee aus dem Bereich der bildenden Kunst die Gemüther erregt, und es ist weit leichter, einen fanatischen Gegner zu bekehren, als einen Gleich=gültigen aufzurütteln.

Aber ich hätte mir doch den Widerstand nicht so stark gedacht. In mir selber hatte sich an der Un=

7*

schauung der farbigen Bildwerke vergangener Epochen die Umstimmung so langsam und sicher vollzogen, daß ich eines Tages bei einem zufälligen Anlaß die neue Ueberzeugung nur zu formuliren brauchte. Einen Kampf der Gewöhnung an farblose Bildwerke mit den Consequenzen der Erkenntniß, daß alle großen Epochen auf Farbigkeit ausgegangen, habe ich nicht durchzumachen gehabt. Aus dieser eigenen Erfahrung schien mir deshalb der sicherste Weg, unserer modernen Sculptur die Farbigkeit zurückzugewinnen, der allgemein historische zu sein, den ja auch die Erneuerung unserer gesammten Kunst und Kunstindustrie gegangen ist. Ich glaube, die Ausstellung in der National-galerie hat dieser Auffassung recht gegeben. Während sich das Publicum ohne besondere Mühe über die Schönheit der spanischen Madonna und der köstlichen Ritter aus dem Alterthümermuseum zu Dresden die Augen öffnen ließ, hat es sich von einem gelinden Entsetzen über die Mehrzahl der modernen Versuche nicht erholen können — ich auch nicht, um es gleich voran zu schicken. Aber ich hatte es auch nicht anders erwartet.

Wie wäre es auch möglich, daß in der kurzen Spanne Zeit, die seit den ersten bei uns angestellten Versuchen verflossen ist, schon greifbare allgemeine

Resultate zu erreichen gewesen? Wenn auch für den
Augenblick bei uns die Richtung, welche die jüngere
Künstlergeneration eingeschlagen hat, im Allgemeinen
für die farbige Sculptur schnellere Resultate verheißt,
als wir jetzt bei unsern Nachbarvölkern erwarten
dürfen, so ist doch nicht zu vergessen, daß die Franzosen
und Engländer weit früher als wir vor die practische
Lösung der Frage getreten sind, ohne in der Zwischen-
zeit wesentlich vorangekommen zu sein. Vor mehr
als dreißig Jahren stellte der englische Bildhauer
Gibson eine farbige Marmorfigur aus, und was die
Franzosen leisten, ist aus ihren bemalten Bronzen —
das Beste kommt leider nicht nach Berlin! — und
farbigen Terracotten nur zu wohl bekannt. Wie sollten
wir mit dem guten Willen allein weiter kommen, als die
Franzosen, die ein kunstsinniges opferfreudiges Publicum
besitzen, und bei denen der Künstler, was man sagen
mag, genau so wie der Handwerker eine Freude an
der technischen Vollendung besitzt, die im Durchschnitt
bei uns zu den frommen Wünschen gehört. Mit dem
bloßen Anstreichen ist es doch wahrlich nicht gethan,
selbst wenn dabei, was eigentlich noch gar nicht geschehen ist, auf die Meisterwerke der früheren Jahrhunderte Rücksicht genommen wird. Aber durch
Copiren und Nachahmen entsteht keine neue Kunst,

sie will jedesmal neu geschaffen sein. Vorbilder aus
vergangenen Epochen können den Weg abkürzen, aber
nicht aufheben. Auch hier gilt das goldene Wort:
Was du ererbt von deinen Vätern hast, erwirb es,
um es zu besitzen. Lernt doch das Kind die Sprache
nicht einfach als etwas einmal Vorhandenes auswendig,
sondern bildet in sich ihren ganzen Organismus neu.

Vor allen Dingen gilt es bei unserm Publicum
den Widerwillen zu überwinden, damit es von vorn=
herein an der Arbeit des Künstlers theilnimmt, und
dazu brauchen wir die in sich abgeschlossenen Werke
der Vergangenheit. Wir werden deshalb, wie wir
vorausgesehen haben, den Nachdruck auf den retro=
spectiven Theil der Ausstellung farbiger Bildwerke
zu legen haben.

* * *

Das Vorurtheil macht die meisten geradezu blind
gegen die offenbaren Thatsachen. Es ist eine äußerst
befremdende Erscheinung, daß selbst gelehrte Männer,
die in ihrer eigenen Wissenschaft gewohnt sind, von
der Beobachtung auszugehen, denen eine philosophische
Betrachtung ohne beständige Rücksicht auf den Sach=
befund ein Ding der Unmöglichkeit scheint, in
ästhetischen Fragen absolut auf dem Standpunkt einer
aus Lehrsätzen construirenden Dogmatik stehen. Es

ist mir vorgekommen, daß ich nach langer hitziger
Debatte auf die Frage, ob denn der Gegner schon
einmal ein farbiges Bildwerk gesehen, ob er die
Ausstellung überhaupt besucht habe, die Antwort
erhielt: Er werde sich hüten, seine Meinung änderte
er doch nicht. Und das war ein Mann, der sich
in seiner exacten Wissenschaft als unbefangener Forscher
eines glänzenden Rufes erfreut. Die Macht der
Gewohnheit ist so stark, daß man gar nicht erst
untersuchen will. Man erwehrt sich der Thatsachen
mit dem rostigen Rüstzeug einer untergegangenen
Aesthetik, welche von oben herab die Kunst construirte.
Die Kunst soll, muß, darf, die Plastik kann nicht,
soll nicht, darf nur, das sind die stereotypen Formeln,
mit denen man die lebendige Erscheinung zwingen
will, und die als Axiome gelten, deren weiter nicht
beweisbare Richtigkeit sich von selber versteht wie die
der Fundamentalsätze der Geometrie.

Vor dieser ästhetisirenden Betrachtung der Kunst
können wir nicht eindringlich genug warnen. Alle all=
gemeinen Sätze der Aesthetik haben nur Anwendung
auf die Erscheinungen, aus denen sie abstrahirt sind.
Eine Aesthetik, die sich auf den Daten der italienischen
Renaissance aufbaut, muß die holländische Kunst des
siebzehnten Jahrhunderts negiren, wie denn that

sächlich Künstler und Kunstforscher existiren, die von
der Kunst der Holländer nichts wissen wollen. Der
Kunst aber ist heute gestattet, was ihr gestern versagt
war; sie wird morgen bezwingen, was ihr heute zu
stark, und die Aesthetik reicht immer nur bis gestern.

Ich will mich deshalb an dieser Stelle nicht
darauf einlassen, alle die dogmatischen Scheingründe
der Gegner farbiger Sculptur von unserem Standpunkt
zu widerlegen. Es ist vergebliche Arbeit. Die reale
Ursache der Abneigung, die Gewohnheit, farblose
Bildwerke zu sehen und zu genießen, läßt sich nicht
wegdisputiren und kann nur durch eine Gewöhnung
im Gegensinn besiegt werden. Die ästhetischen Gründe,
durch welche die Gewöhnung sich selbst als zu Recht
bestehend beweisen möchte, werden sämmtlich aus
einer kleinen Gruppe von Erscheinungen aus den drei
letzten Jahrhunderten abgeleitet, also gerade aus der-
jenigen Epoche, in welcher die Sculptur die wenigst
populäre Kunst war. Man halte einmal das
Bedürfniß einer gothischen Stadt nach Statuenschmuck
zusammen mit dem einer Stadt des siebzehnten oder
achtzehnten Jahrhunderts, von dem heutigen Stand
der Dinge ganz abgesehen. Den historischen Thatsachen gegenüber fallen alle Scheingründe in sich selbst
zusammen. Es steckt absolut nichts dahinter, wenn

es heißt: es widerspricht von vornherein dem Wesen
der Plastik, auch Farbe zu geben. Jede Kunst hat
sich in ihren Grenzen zu halten. — Was ist denn
das Wesen der Plastik? Welches sind ihre Grenzen?
Man darf doch nicht wagen wollen, sie a priori zu
bestimmen oder sie aus den Daten einer kurzen Periode
abzuleiten? Ebensogut könnte man sich eine beliebige
Zeit aus der Entwickelung der Malerei herausgreifen
und aus ihr das Wesen der Gattung bestimmen
wollen, zum Beispiel die Kunst des Rococo, oder der
verflossenen Epoche der Geschichtsmalerei. Dann soll
eine bemalte Statue einen grauenhaften Eindruck
machen. Dagegen braucht nur an die Erfahrung
der katholischen Kirche hingewiesen zu werden, die
doch in ästhetischen Dingen allein die Tradition des
Alterthums weiter gepflegt hat. Sie hat zu keiner Zeit
ausschließlich farblose Kultfiguren angestrebt und man
darf doch nicht behaupten, daß die Maria im blonden
Haar und blauen Mantel, daß der weißbärtige
Joseph und alle die Heiligen den Eindruck des
Grauens machen sollen. Und wer von denen, die
so überzeugt die Behauptung aufstellen, hat denn
jemals eine künstlerisch durchgebildete farbige Statue
gesehen, oder, wenn er in die Lage kam, ruhig die
Wirkung abgewartet? Es ist allerdings weit leichter,

Panopticum zu rufen und damit die Sache abzuthun. Eben so billig ist es zu behaupten, die bildende Kunst müsse sich vor zu weit gehender Nachahmung der Natur hüten. Als ob in der Malerei, die immer noch naturalistischer ist, als die Plastik, die Vertiefung in den Schein der Dinge nicht oft genug unser Entzücken bildete.

*   *   *

Nur einer von allen Einwürfen scheint uns eine ernsthafte Behandlung zu fordern. Nicht daß er im Grunde ernsthaft zu nehmen wäre, im Gegentheil er entspringt aus einer absoluten Verkennung dessen, was die bildende Kunst leistet. Aber er ist im höchsten Grade bezeichnend für die allgemein verbreitete Auffassung der Kunst.

Fast niemals pflegt unter den ästhetischen Grundsätzen, vor denen wir oben warnten, die Behauptung zu fehlen: die Sculptur darf (dürfen!) nicht farbig sein, weil der Phantasie noch etwas zu thun übrig bleiben muß (müssen!).

Was den Einzelfall angeht, so braucht man sich blos zu fragen, ob denn die Phantasie in der That an einer weißen Marmorfigur die Farben ergänzt. Mir ist weder aus eigner Erfahrung eine derartige

Thätigkeit der Phantasie bekannt, noch habe ich von
irgend Jemandem, dem ich außerhalb des Zusammen=
hanges die Frage vorgelegt, eine bejahende Antwort
erhalten. Es gehört ein besonderer Willensakt dazu,
wenn ich an dem marmornen Kopf einer Venus das
schimmernde Auge, den rothen Mund und das goldige
Haar sehen soll, und sowie ich den Versuch mache,
ist die Erscheinung des Kunstwerks, das ich vor mir
sehe, aufgehoben. Preisen doch gerade die Gegner
der Farbigkeit, oft dieselben, die sich auf eine ergänzende
Arbeit der Phantasie berufen, von jeher den Adel
des keuschen weißen Marmors.

Man hätte diese Frage überhaupt nicht aufwerfen
können, wenn man sich klar gemacht hätte, wie weit
denn beim Genuß eines Werkes der bildenden Kunst
die Phantasie erregt wird. Der Eindruck, den ein
Gemälde oder eine Statue macht, ist zwar ein
complicirter, aber es hält doch nicht schwer, ihn zu
analysiren, namentlich, wenn man im Auge behält,
daß er in seinem Verlauf verschiedene Kräfte in
Thätigkeit setzt.

Der erste Moment gehört dem Verstande, denn
vor allen Dingen müssen wir wissen, um was es sich
handelt. Zu allen Zeiten bemüht sich die bildende
Kunst, dieses Stadium abzukürzen, indem sie wie durch

ein Naturgebot Stoffe wählt, die ohnehin bekannt
sind. Sie sucht nicht durch Neuheit zu wirken, ihr
sind die geläufigsten Dinge die liebsten. In den
Einzelfiguren wie in den Situationen drängt sie überall
auf feste Typen. Generationen auf Generationen
werden nicht müde, dieselbe Madonna mit dem Kinde,
dieselbe Anbetung der Könige, dieselbe Kreuzigung
darzustellen, bis endlich der höchste Ausdruck gefunden
ist. Und wenn die mythischen oder religiösen
Stoffe erschöpft sind, wenn dabei die Empfindung
für das Künstlerische so hoch gesteigert ist, daß der
Künstler sich mit der Nachschöpfung, der Genießende
mit der Aufnahme der bloßen Erscheinung genügt
— es ist ein langer Weg dahin —, dann tritt
das stofflich voraussetzungslose Sittenbild in's Leben.
Es giebt nun zwar zu verschiedenen Perioden Kunst=
gattungen, die den Verstand zu beschäftigen als
höchstes Ziel setzen. Ein Urbild bietet die Sitten=
schilderei des Hogarth. Aber die Entzifferung dieser
mühselig ausgeklügelten Compositionen gewährt keinen
wesentlich höheren Genuß als Rebus rathen, und es
kann geschehen, daß die literarische Auslegung ebenso
amüsant oder fast noch lustiger und anregender aus=
fällt, als das Original, wie dies gerade Hogarth mit
dem witzigen Commentar Lichtenberg's zugestoßen ist.

Von einer Beschreibung der Sixtina, die doch Tausende zu begeisterten Ergüssen entzückt hat, ist dergleichen undenkbar.

Mit der Beruhigung, die jedes Erkennen gewährt, tritt die eigentlich künstlerische Wirkung ein. An diesem Punkt muß der fundamentale Gegensatz der redenden und bildenden Künste in's Auge gefaßt werden. Die Poesie deutet das Bild nur in den Umrissen oder in den Farbentönen an und überläßt es der Phantasie des Hörers, es zu vervollständigen: hier bleibt dieser in der That etwas zu thun. Sie fordert sogar die Beihülfe des bildenden Künstlers heraus: wo immer in China oder Japan, in Persien oder Indien, bei den Alten, bei den Culturvölkern des Mittelalters oder unserer Zeit Gedichte oder Geschichten niedergeschrieben worden, streute sofort die Hand des Malers Bilder in den Text, die die Handlung versinnlichen sollten.

Dagegen giebt die bildende Kunst immer etwas fertiges. Es giebt keine Kunstgattung, die sich zur Malerei oder Sculptur verhielte, wie die Illustration zur Poesie. Zu der Erscheinung eines Bildes, einer Statue vermag ich nichts hinzuzufügen, es müßte sich denn um das unzulängliche Werk eines Halb= künstlers handeln. Das unterscheidet doch den mit

gesteigerter Phantasie begabten Künstler von dem
Durchschnittsmenschen, und das hebt ihn über die
Masse hinaus, daß er sich die Dinge schärfer, reicher
und schöner vergegenwärtigen kann. Wenn er nun
der glücklichen Inspiration eines Augenblicks oder
der langsam ausgereiften Conception sichtbare Gestalt
verleiht, sollte ich da nicht genug zu thun haben,
seine Schöpfung anschauend in mich aufzunehmen?
Wie könnte ich darüber hinaus gehen?

Wenn ich Andere und mich selber beim Genuß
eines Kunstwerks richtig beobachte, so wird dabei die
gestaltende Phantasie nicht angeregt. Der Genuß
besteht in der Freude, die die Anschauung erweckt.
Man pflegt als höchstes Lob des bildenden Künstlers
zu äußern, er habe den für die Phantasie frucht-
barsten Moment herausgegriffen: er hat einfach den
gewählt, der am sichersten verstanden wird und der
seiner Phantasie am meisten zu thun gab. Was er
geschaffen, steht als ein Höchstes unverrückbar fest.
Es soll nicht die Basis sein, von der die Phantasie
des Beschauers ihren Aufschwung nimmt. Wer von
der bildenden Kunst nur eine Anregung zum Träumen
und Phantasiren verlangt, der versteht gar nicht zu
sehen, und sein Kunstgenuß ist kein höherer, als
auf anderem Gebiet der eines Lesers, der einen

Gedanken weiter dämmert, während seine Augen
mechanisch von Zeile zu Zeile vorwärts eilen. Nicht
einmal in der Erinnerung wird die Phantasie durch
eine Schöpfung der bildenden Kunst zu etwas Anderem
als zum Nachschauen angeregt: je inniger mir ein
Gemälde vertraut ist, desto treuer bewahrt mein
Gedächtniß sein Abbild, und wenn ich es mir ver=
gegenwärtige, so besteht der Genuß gerade in der
getreuen Wiederholung.

Von diesem Standpunkte aus rücken wesentliche
Streitfragen über den Inhalt der bildenden Kunst
in's rechte Licht. Wie viele verlangen noch heute
von ihr zuerst einen Gedanken und dann erst Schön=
heit. Wie viele Künstler verschwenden ihre beste
Kraft an der Erfindung eines Witzes, an der
Schürzung einer Novelle. Wenn uns die religiösen
und mythischen Stoffe ausgehen, die von dem
Künstler älterer Epochen doch nur darum gewählt
wurden, weil sie ohnehin in der Phantasie lebten
und ihre Verkörperung deshalb unmittelbar ver=
ständlich war, so haben wir das Leben unserer
eigenen Gegenwart, deren künstlerische Bewältigung
den Ausgangspunkt aller Kunst bildet.

Den Eindruck einer Schöpfung der bildenden
Kunst in Bezug auf die Associationen zu untersuchen,

gehört nicht mehr in unfer Thema: für uns genügt
es zu erkennen, daß auf eine Mitwirkung der
bildenden Phantafie bei dem Gemälde, der Statue,
dem Gebäude nicht gerechnet wird. Genoffen wird
immer nur, was da ift. Die Farbe ift in allen drei
Künften principiell nicht nothwendig — aber auch
in keiner jemals principiell ausgefchloffen gewefen.

* * *

Wir wollen das Gebiet der äfthetifchen Aus=
einanderfetzung verlaffen. Was uns eine Wieder=
aufnahme der alten Tradition wünfchen macht, haben
wir an diefer Stelle oft genug ausgefprochen. Es
läßt fich abfolut kein ftichhaltiger Grund anführen,
weshalb die Sculptur, die doch derfelben farbigen
Natur gegenüberfteht wie die Malerei, principiell auf
das wirkfamfte Kunftmittel verzichten follte. Wir
werden fehen, daß fie fich auch zu keiner Zeit wirklich
dazu verftanden hat. Auf der andern Seite bieten
fich dem Künftler fo unendliche Vortheile, daß er
gegen fein eigenes Intereffe wie gegen das feiner
Kunft fündigte, wenn er die Farbe von fich wiefe.
Gegen die Aufgaben unferer Zeit wird fich die
Sculptur fo lange fpröde verhalten, als ihr die
Möglichkeit fehlt, fich, wo fie will, der Farbe zu

bedienen, und ebenſolange wird ſie an Popularität
wie bisher zurückſtehen hinter der Malerei. Es
braucht gar nicht hervorgehoben zu werden, daß es
keinem Vernünftigen einfallen wird, die Forderung
zu ſtellen, es ſolle nun mit einem Male alle Plaſtik
farbig werden. Das wäre nicht mehr und nicht
weniger, als wenn man in der Malerei die auf
Farbe verzichtenden Gattungen der Zeichnung, der
Reproduction ſtreichen wollte. Aber wiederum wollen
wir alle uns hüten, ſchon jetzt das Gebiet der einen
oder der andern Kunſtweiſe zu umreißen; das kann
heute noch Niemand. Unſere Aufgabe iſt, ruhig und
ohne Vorurtheil die Entwickelung zu verfolgen, dem
Neuen mit empfänglichen, durch keine äſthetiſchen
Regeln behinderten Sinnen gegenüber zu treten.
Mag dann einmal in einem einzelnen Falle das
Urtheil fehlgehen, der Boden für eine gedeihliche
Entwickelung iſt doch vorhanden.

* * *

Nur noch ein Wort über die deutſche Benennung.
Wir wollen doch das Wort polychrom aufgeben, und
dafür farbig ſagen, nicht etwa gefärbt oder bemalt.
Gefärbte, bemalte, polychromirte Sculptur könnte auch
farblos ſein. Wo aber Farbe auftritt, iſt ſie eine

Hauptsache und sollte als solche vom ersten Augen=
blick in's Auge gefaßt werden: deshalb farbige
Sculptur.

Die Ausstellung in der Nationalgalerie ist im
Wesentlichen aus den Bestandtheilen unserer öffentlichen
und Privatsammlungen zusammengesetzt, auf die ich
vor zwei Monaten an dieser Stelle hinwies. Von
den Hauptwerken, die ich namhaft machte, fehlt
keins. Leider gestattete der Raum nicht, die überaus
lehrreichen Photographien zur Geltung zu bringen.
Einige nach spanischen und italienischen Originalen
mußten übereinander am Boden ausgestellt werden,
die Aufnahmen der höchst interessanten farbigen
ägyptischen Sculpturen fehlen ganz. Moderne Werke
sind zahlreicher eingegangen, als wir erwarteten und
hofften. Nur ein einziges ist darunter, dem wir uns
rückhaltlos hingeben, das Gorgonenhaupt von Arnold
Böcklin. Es hält auch neben den hervorragendsten
unter den älteren Werken seinen Rang. Wir wollen
es deshalb vor allen anderen betrachten. Weshalb
sollten wir unsere Freude unterdrücken, daß dies in
unseren Tagen geschaffen wurde.

Es ist gleich in der ersten Abtheilung untergebracht,
ziemlich hoch, und befindet sich noch in der Verpackung,
in der es abgeschickt wurde; wegen des empfindlichen

Stuckmaterials durfte es nicht herausgenommen werden. Das blutleere starre Haupt mit dem ringelnden Schlangenhaar ist auf einem stahlblauen Rundschild mit goldenem Rande befestigt. Ein unheimlicher phosphorescirender Schein dämmert von dem Haupte aus über den blauen Schild und wird von den dunklen ringelnden Schlangenleibern überschnitten. Das leuchtet auf dem schwarzblauen Grunde mit der Kraft einer Emailmalerei, und der Eindruck wird noch verstärkt durch den Contrast des goldenen Randes. Das starre Antlitz hat in der That etwas Ver-steinerndes. Alles Blut ist blau geworden, bläulich schimmert die Haut, tiefblaue Lider rahmen die Augen ein, blau sind die Lippen des durch den gesunkenen Kiefer geöffneten Mundes, und aus tiefen dunklen Höhlen starrt das glasige Augenpaar.

Auch hier giebt es kritische Gemüther, die sich dem Eindruck nicht hingeben können und stets mit einer fertigen Frage vor das Kunstwerk treten. Weshalb nicht lieber, wenn doch so viel gemalt wird, gleich auf die Form verzichten, fragen sie. Soll man ihnen sagen, daß ein gemaltes Gorgonenhaupt der Motivirung bedürfte, daß es vor Allem nicht so furchtbar gegenwärtig sein könnte? Wozu? Es überzeugt sie doch nicht.

8*

III.

Es scheint, als ob die Fülle kleiner, eng zusammen=
gedrängter farbiger Bildwerke von geringerer Bedeutung
verhindert, daß die wenigen hervorragenden Arbeiten
auf der Ausstellung zur richtigen Wirkung kommen.
Vielleicht hätten einige Dutzend characteristischer Werke
in ruhiger abgeschlossener Aufstellung für das größere
Publicum stärkere Beweiskraft gehabt. Die allgemeine
Voreingenommenheit klammert sich gar zu gern an
ein in der Epoche der Entstehung oder der Fähigkeit
des Urhebers bedingtes Kunstwerk, um aus seiner
Unzulänglichkeit einen Beweis gegen das bekämpfte
Princip zu gewinnen.

Ueber die Entwickelung der modernen Zeit vom
Mittelalter her sind wir noch viel zu wenig
genau unterrichtet, als daß wir über die herrschenden
Tendenzen ein sicheres Urtheil haben könnten. Wir
kennen zwar aus allen Perioden zahlreiche farbige
Bildwerke, aber es ist noch zu kurze Zeit her, daß

man ihnen besondere Aufmerksamkeit schenkt. Noch giebt es keine gründliche, zusammenfassende Untersuchung über die Absichten der einzelnen Epochen und ihre Kunstmittel. Namentlich die für uns so überaus wichtige Ueberleitung, der immer noch auf die Farbe bedachten Weise der Frührenaissance auf den späteren, die Farbe verschmähenden Stil, ist keineswegs klar. Waren es wirklich die farblosen Antiken, die zur endgültigen Verdrängung der Farbe aus der großen Sculptur führten? Tschudi, der seine Ansicht im „Kunstfreund" (1885 Nr. 24) darlegt, möchte im späteren Mittelalter in der Verbindung der für die neuere Zeit stilbildenden Steinsculptur mit einer farblosen Architectur die Quelle der neuen Formensprache suchen, welche auf die Mitwirkung der Farbe verzichtete. In der Allgemeinheit formulirt, daß „die Gothik und Renaissance neben ihrem farblosen Steinstil eine parallel laufende polychrome Kunst aufweisen", wird sich der Satz schwerlich halten lassen. Wenn sich farblose Sculpturen am Aeußern eines gothischen Domes nachweisen lassen, so stehen doch daneben Monumente, wie der schöne Brunnen in Nürnberg, von denen eine vollständige Bemalung der Architectur und des Figurenschmuckes nachgewiesen ist. Wohlgemuth selber hat, wie es scheint zuletzt, diesen Farbenschmuck erneuert.

Abbildungen des Roland in Bremen aus dem sieb=
zehnten Jahrhundert zeigen dies Steindenkmal in
kräftigen Farben bemalt. Das ist doch wohl als alte
Tradition anzusehen. Einem ganz anderen Gebiet
gehören die farblosen Steinsculpturen auf den Bildern
der Eyck, des Rogier und ihrer Schulen an. Sie
sind nicht ohne Weiteres als Documente für die
Existenz eines unbedingt auf Farbe verzichtenden
Steinstils aufzufassen, da sie malerischen Principien
unterliegen. Als Vollfiguren finden sie sich fast
ausnahmslos auf den Außenseiten der Altarflügel, die
auch gelegentlich ganz und gar grau in grau gemalt
wurden, damit das farbenprächtige Innere beim
Oeffnen mit gesteigerter Kraft zur Wirkung kommen
konnte. Dasselbe Gesetz des Kontrastes gilt für die
gemalten figurenreichen portalartigen Umrahmungen
der Innenbilder. Doch kommt es vor, daß die Stein=
sculpturen dieser Portale wie ein Gemälde polychrom
behandelt sind. Vollständig bemalt bewirken sie
freilich das Gegentheil dessen, was sie nach dem
Willen des Künstlers für die coloristische Gesammt=
haltung leisten sollen.

Immerhin gab es in den Niederlanden wie in
Süddeutschland bereits im Lauf des fünfzehnten Jahr=
hunderts neben farbigen auch farblose Stein= und

fogar Holzsculpturen. Aber das Verhältniß wird kaum jemals anders gewesen sein. Die Sculptur kann die Farbe in demselben Umfang entbehren wie die Malerei.

*   *   *

Am wichtigsten für uns ist die Frage, wie sich die Renaissance in Italien zur Bemalung des Marmors verhalten hat, ehe die Resultate der Ausgrabungen Einfluß gewannen. Hier scheint noch keine völlige Uebereinstimmung unter den wenigen Kennern der Materie zu herrschen. Während einige zu der Ansicht neigen, daß nur eine Tönung stattgefunden habe, höchstens hie und da eine Bemalung von Gewand= theilen, treten Andere für eine ausgiebigere Ver= wendung der Farben ein. Der vorzügliche Marmor= kopf der Ambraser Sammlung ist modern bemalt. Unser Museum besitzt in der köstlichen Büste der Marietta Strozzi — in der Nationalgalerie nicht mit ausgestellt — ein wichtiges Document. Das Fleisch zeigt keine sicheren Farbenspuren, Augen und Lippen ebensowenig. Aber das Haar erscheint noch immer leicht getönt und das Muster des Brokatstoffes, welcher die Schultern bedeckt, war einst durch Farbe

gehoben. Ein dünnes Untergewand, das zwischen
dem Ausschnitt sichtbar wird, unterscheidet sich heute
gar nicht vom Fleisch und dürfte deshalb ebenfalls
bemalt gewesen sein. Es kommt hinzu, daß einmal
ein Schmuckstück, das durch eine Kette gehalten
wurde — man sieht auf den Schultern die Spuren —,
die Brust schmückte; noch ist die Vertiefung zu sehen,
in der es befestigt war. Nun stelle man sich einmal
die ganz farbigen Schultern vor und darüber Hals
und Kopf nur getönt.

* * *

Unter den mittelalterlichen Arbeiten interessiren
uns wesentlich nur die annähernd lebensgroßen Voll=
figuren. Sie sind es, die uns auf der neuen Bahn
das Ziel zeigen können. Die lehrreichsten und wirkungs=
vollsten verdanken wir dem Alterthumsmuseum zu
Dresden. Diese Sammlung des sächsischen Alterthums=
vereins, im Erdgeschoß des Rietschelmuseums auf=
bewahrt, gehört zu den culturhistorisch interessantesten
Museen in Deutschland, ist aber leider selbst in Dresden
noch nicht nach Gebühr gewürdigt.

Am Besten wirken die beiden Ritter aus dem
Anfang des sechzehnten Jahrhunderts in den dunklen
Nischen. Man kann sich an der Tiefe und Pracht

der farbigen Erscheinung gar nicht sattsehen. An
den Mänteln sind die Farben schon verdunkelt, aber
die Gesichter unter den üppigen Locken sind merk-
würdig gut erhalten. Etwas älter sind die Apostel-
figuren aus der Domkirche zu Freiberg in Sachsen.
Sie tragen den Ausdruck gewaltigen Ernstes. Die
Gesichter sind von wallendem Haar umrahmt, die
Gewänder in einfachen großen Massen bemalt. Der
eine trägt unter dem goldenen Mantel mit rothem
Futter ein graues Untergewand, bei dem andern ist
das Futter grün und das Untergewand roth.

Die köstlichen farbigen Renaissancebildwerke aus
unseren königlichen Museen sind bekannt genug, wir
dürfen uns deshalb damit begnügen, auf die herrliche
Magdalena des Verrocchio, auf die Büste des
Philippo Strozzi von Benedetto da Majano, auf die
zierliche Büste der Katharina von Siena, die Büste
des Rucellai hinzuweisen.

✳   ✳   ✳

Was die großen spanischen Bildhauer anlangt,
sind wir vorläufig auf das ziemlich dürftige Material
der Quellenschriftsteller angewiesen. Eine kritische
neuere Arbeit über die einzelnen Meister existirt noch
nicht. Wir haben in Deutschland trotz der Schwärmerei

der Romantiker zu wenig Berührung mit Spanien.
Ueberdies führt die große spanische Kunst zu sehr ein
Leben für sich, als daß unsere mit den Italienern
und den Niederländern beschäftigten Kunsthistoriker so
leicht die Brücke fänden.

Die farbige Plastik der Spanier hat selbst zur
Zeit der absoluten Herrschaft der Farblosigkeit den
Reisenden imponirt. Schon in den vierziger und
fünfziger Jahren sprachen kunstsinnige Franzosen mit
Entzücken von den Arbeiten, die sie gesehen, und
1878 erregte die Copie des h. Franciscus von Alonso
Cano in Paris wahre Begeisterung. Für uns ist
die Sculptur der Spanier, die dreihundert Jahre
hindurch bedeutende Namen zählte, wegen ihrer naiven
Unabhängigkeit von classischen Tendenzen überaus
wichtig. Ihre Leistungen gehören fast ausnahmslos
dem Cultus an. Holz, in seltenen Fällen auch
Terracotta, bildete das Material, weil die Figuren
in den prächtigen Processionen durch die Straßen
geführt wurden. Im vergangenen Jahrhundert
schreckte man nicht davor zurück, ganze Gruppen
lebensgroßer Figuren herzustellen. Die Blüthezeit
liegt im siebzehnten Jahrhundert. Alonso Cano,
Martinez Montañez und Zarcillo (XVIII. Jahrhundert) sind die bekanntesten Namen.

Dem Montañez wird von Wilhelm Bode die ergreifende Büste der Schmerzensmutter zugeschrieben, die er vor einigen Jahren aus Spanien mitbrachte, freilich behält er sich eine etwaige Berichtigung auf Grund der Forschungen Karl Justis vor, der bekanntlich an der Vollendung eines auf langjährigen Studien an Ort und Stelle beruhenden Werks über die gesammte spanische Kunst arbeitet. Der Kopf ist unter Künstlern und Kunstfreunden in Berlin schnell populär geworden. Weitere Kreise wissen noch nicht viel von ihm. Es ist überhaupt auffallend, wie wenig bei uns gerade einige der Hauptschätze unserer Museen erst im Bewußtsein unserer Gebildeten leben. In dem Glasschrank der Nationalgalerie zwischen allerlei kleinen unbedeutenden Figuren, eingeschlossen von den trüben Holzstäben, büßt das schöne Werk leider von seiner Wirkung ein. Wie viel großartiger erscheint es an seinem Platz in der Sculpturensammlung des königlichen Museums, der unmittelbaren Nähe des Beschauers entrückt, frei auf der Wand. Es gehört zu jenen Schöpfungen der spanischen Sculptur, die aller aus den Schöpfungen anderer Perioden abstrahirten ästhetischen Regeln spotten. Soweit Photographieen ein Urtheil erlauben, steht dieser Kopf des Montañez unmittelbar neben dem berühmten heiligen Franciscus von Alonso Cano.

Die ausgezeichnete Erhaltung gestattet die Annahme, daß dies Meisterwerk nicht viel anders gewirkt haben kann, als es aus den Händen des Künstlers hervorging. In kühner Abkürzung ist von der Büste nicht mehr gegeben als der Ansatz des Halses an die Schultern. So concentrirt sich die Aufmerksamkeit ausschließlich auf dies thränenüberströmte Antlitz, das von einem goldigen Kopftuche eingerahmt wird — es ist also sicher die Schmerzensmutter und nicht, wie man wohl gemeint hat, die weinende Maria Magdalena, deren characteristisches Haar nicht hätte unterdrückt werden dürfen. Eine leichte, etwas starre Wendung des Kopfes verstärkt den Ausdruck des lähmenden Schmerzes in den edlen Zügen; die Stirne ist leicht zusammengezogen, der starre Mund halb geöffnet. Quellende Thränen verdunkeln das Auge und strömen in schweren Tropfen über die Wange. Wir sind es nicht gewohnt, dergleichen an einem plastischen Kunstwerk zu sehen, und es ist wohl keiner unter uns, den nicht der erste Anblick stutzig gemacht hat. Aber noch habe ich Niemand gesehen, dessen Bedenken vor dem Eindruck dieser strengen, maßvollen Schönheit stand-

gehalten hätte. Wer es noch nicht im Museum
gesehen hat, der lasse sich die Gelegenheit, es nach
Schluß der Ausstellung an seinem alten Platze zu
genießen, nicht entgehen. Es will lange und von
allen Seiten betrachtet sein, ehe es sich mit unaus-
löschlichen Zügen in die Erinnerung gräbt.

Aus dem Leben des Montañez wird uns ein Zug
berichtet, der über die Art, wie seine Werke zu Stande
kamen, ein erwünschtes Licht verbreitet. Es heißt,
er habe sich, als er zu Ansehen gekommen, bei der
Uebernahme von Aufträgen ausbedungen, daß die
Bemalung unter seiner Leitung geschähe, damit nicht
handwerkliche Maler sein Werk verdürben. Darüber
gerieth die Zunft der Maler in Aufregung und
strengte einen Proceß gegen ihn an. Der Maler
Francisco Pacheco, der berühmte Dichter und Lehrer
des Velasquez, gab bei dieser Gelegenheit ein ebenso
gelehrtes wie scharfes Gutachten ab, das den Montañez,
dessen wichtigste Bildwerke Pacheco selber bemalt
hatte, des ungehörigen Ehrgeizes zieh und sein Vorgehen als nachtheilig für die Interessen der Maler-
innung hinstellte. Es war also nicht der Bildhauer
selbst, der dem Werk die letzte Vollendung gab. Aber
er concipirte es doch, wie aus dieser Maßnahme des
Montañez hervorgeht, von vornherein mit der Farbe.

Zugleich erfehen wir aus diefer Notiz, daß das
Bemalen nicht etwa als Anftreicherarbeit angefehen
wurde, fondern als Aufgabe, auf welche namhafte
Künftler Anfpruch erhoben. Wir verftehen dies beim
Anblick der Madonna unferes Mufeums und erinnern
uns dabei an die gemeinfame Arbeit des Praxiteles
und Nikias. Wenn weiter nichts verlangt worden
wäre als ein conventioneller Anftrich des fleifches und
Gewandes, fo hätte fich der berühmtefte Maler nicht
zu bemühen brauchen. Mir fcheint diefe merkwürdige
Annäherung der Thatfachen aus zwei ganz verfchiedenen
Epochen überaus lehrreich.

Von den übrigen großen Bildhauern bietet die
Ausftellung nichts. Es möge uns jedoch vergönnt
fein, auf den bedeutendften Bildhauer des ver=
gangenen Jahrhunderts, deffen Paffionsfcenen von
unerwarteter Großartigkeit find, hier befonders hin=
zuweifen, franzesco Zurcillo oder Salcillo.

Er ift in Murcia geboren und hatte als
Lehrmeifter feinen Vater, der mehr Handwerker als
Künftler gewefen zu fein fcheint. Auf fich felbft
geftellt, ohne ablenkende Vorbilder vor Augen,
konnte er eigene Wege wandeln und ift eine der
originellften Geftalten unter den Künftlern feines
Vaterlandes geworden.

Bermudez theilt in seinem Diccionario eine Reihe
von Einzelzügen mit, die uns über das Wirken des
merkwürdigen Mannes Auskunft geben. Er zog
seine ganze Familie zu Gehülfen heran, und es
sollen aus seiner Werkstatt nahezu zweitausend
Statuen hervorgegangen sein. Auch auf die Künstler
seiner Heimath scheint er großen Einfluß geübt zu
haben. Es wird von einer durch ihn in's Leben
gerufenen Akademie berichtet, in welcher sämmtliche
Künstler Murcias unterrichteten. Wiederholt wird
auf sein eifriges Naturstudium hingewiesen. Es
heißt, er habe in seinem Hause durchziehenden
Pilgern Unterkommen gewährt: er unterstützte sie voll
Barmherzigkeit und zeichnete Act nach ihnen, sagt
Bermudez mit naiver Wendung. In Arbeit und
Studium erreichte er ein Alter von 74 Jahren, und
als er 1781 starb, wurde ihm ein pomphaftes
Begräbniß zu Theil. Wir können uns dem Wunsche
seines Biographen, daß er doch lieber im sechzehnten
Jahrhundert seine großartige Anlage entfaltet haben
möchte, nicht anschließen. Was hätte er bei seiner
eigenartigeu Begabung durch den Anschluß an Andere
gewinnen können? Auch von ihm bieten die Museen
Europas, soviel mir bekannt, kein sicheres Werk.
Als Devotionsstatuen von großer Wirkung blieben

seine Arbeiten in sorgsam gehütetem Besitz der
Kirchen bis auf unsere Tage. Zum Glück sind die
Laurent'schen Photographien so gut gelungen, daß sie
auch von dem farbigen Wesen der Originale eine
Vorstellung gewähren.

*   *   *

China ist nur durch einige zum Theil vorzügliche
Porcellanfiguren vertreten. Was es in der Sculptur
geleistet hat, kennen wir augenblicklich noch zu wenig,
um ein Urtheil zu haben. Besser schon wissen wir
über Japan Bescheid. Aber es sind zu uns doch
nur wenige Leistungen ersten Ranges gekommen, so
daß wir ohne die genaue Kenntniß der Pariser und
Londoner Schätze uns gar kein Urtheil über den
Umfang und die Tiefe der japanischen Plastik ge=
statten dürfen.

Wie in der Malerei gehen zwei Richtungen
nebeneinander her, die chinesische, die man in dem=
selben Sinne wie bei uns die von der Antike ab=
hängige als die classicirende bezeichnen muß, denn
der Japaner steht zu China in demselben Verhältniß
wie wir zu Griechenland und Italien; und das ein=
heimische Blüthegewächs der naturalistischen Weise.

Beide sind auf der Ausstellung durch characteristische Werke vertreten.

Mächtig wirkt die japanische Copie der Cultstatue des Tokugawa Jyeyasu, des Gründers von Yeddo, die unser Museum für Völkerkunde vor Kurzem erworben hat. Das Original ist ein Koloß aus Porcellan, die Nachbildung besteht aus Steinpappe für den Körper und Terracotta für den Kopf. Die kauernde Gestalt ist über lebensgroß. Einfache Gewänder hüllen sie ein. Der Mantel ist schwarz, trägt ein feines, damascirtes Rankenmuster und ist mit drei goldenen, symmetrisch vertheilten Wappen= kreisen geschmückt. Goldene Wappen sind auch in das Muster der weißen weiten Beinkleider gewirkt. Um Hals bilden die Kragen der rothen, schwarzen und weißen Gewänder einen höchst wirkungsvollen Abschluß nach dem Kopf. Dieser ist überaus feinfühlig modellirt und bemalt. Man muß versuchen, auch den Nacken zu sehen und besonders die Behandlung des ergrauenden Haares beachten. Es ist sorgfältig gemalt, aber auf einem Grunde aus aufgeklebten Haaren, die die Textur geben sollen. Man erkennt dieses Mittel erst bei der Entfernung der Mütze. Die starken Brauen und der kurze Bart sind in Thon modellirt und bemalt. Im

9

Museum für Völkerkunde wird dieses köstliche Bild=
werk einst einen Ehrenplatz einnehmen und voraus=
sichtlich an dominirender Stelle zur Wirkung kommen.

*   *   *

Man darf den Erfolg der Ausstellung für die
Verbreitung der Ansicht, zu der wir uns bekennen,
nicht so hoch anschlagen, wie wir wohl gewünscht
hätten. Aber wir wollen ihn auch nicht unterschätzen.
Wir sind überzeugt, daß das Publicum trotz seiner
ausgesprochenen Abneigung den Versuchen in farbiger
Plastik, die wir auf den nächsten Ausstellungen
erwarten, mit größerem Interesse, als sonst der Fall
sein würde, entgegenkommen wird. Unter den
Künstlern hat sich vor den hervorragenden alten
Werken mehr als einer für die Wiedereinführung der
Farbe entschieden. Und diejenigen, die sich theoretisch
mit dem Studium der Kunst befassen, haben bei
dieser Gelegenheit klarer als vorher erkannt, wie
nothwendig für die historische Erkenntniß der Kunst
der christlichen Epoche eine genauere Untersuchung
der Monumente in Bezug auf die Verwendung der
Farbe geworden ist. Es handelt sich vorläufig noch
gar nicht um ein System, dessen Richtigkeit zu
beweisen oder zu verneinen wäre, sondern um eine

möglichst vorurtheilslose Aufnahme des Sachbestandes. Nur dadurch ist es möglich, daß die Resultate der Forschung unserer Praxis in ihren Bestrebungen sofort zu gute kommen.

Zum Schluß noch ein Wort über Fechner. Man hat sich gewundert, daß ich in demselben Athem vor dem Aesthetisiren warnte und das Studium des Capitels über farbige Architectur und Plastik in dessen Vorschule der Aesthetik empfahl. Ich kann den Hin= weis nur wiederholen. Als Fechner die Abhandlung schrieb, hatte er kein farbiges Bildwerk von künstleri= scher Bedeutung gesehen. Am Schluß erklärte er ausdrücklich, daß er mit seiner Empfindung auf dem bisherigen Standpunkt stehe und sich nicht vorzustellen vermöge, wie ein weißes Marmorbild durch characteri= sirende Farbe gewinnen könnte. Aber mit dem klaren vorurtheilslosen Sinn, der ihm eigen, untersucht er alle die Gründe, die gegen die Bemalung angeführt zu werden pflegen und weist sie rein sachlich zurück. Seine Abhandlung ist, von ihrem reichen und mannig= faltigen Inhalt abgesehen, überaus interessant als Beispiel einer ruhigen Untersuchung auf einem Gebiet, auf dem wir sonst an Declamationen gewöhnt sind.

1885

9*

Die
Bebauung der Museumsinfel

Das moderne Museum, eine Sammlung im
Staatsbesitz, erhalten und vermehrt aus Mitteln des
Staates, zählt unter diejenigen Dinge, welche man
mit dem bequemen und deshalb bis zum Ueberdruß
mißbrauchten Ausdruck „Errungenschaft unserer Zeit"
zu bezeichnen pflegt. Sammlungen sind so alt wie
die Cultur und so weit wie sie verbreitet. Wir kennen
sie als Erzeugniß der antiken Bildung und können
sie über Indien nach China und Japan zu allen
Zeiten verfolgen. Die älteste Sammlung, die heut=
zutage nachgewiesen werden kann, dürfte der Schatz
des Mikado zu Nara sein, den man seit dem achten
Jahrhundert ohne Unterbrechung vermehrt hat —
wenn wir uns auf die Genauigkeit der Berichte ver=
lassen können. Aber es handelt sich bis in die neueste
Zeit nur ganz bedingt um Sammlungen an sich.
Entweder hatte der Monarch oder ein reicher Privat=

mann zusammengebracht, was an Kunstobjecten und
Curiositäten seine Freude am Besitz gereizt, und sie
als höchsten Schmuck seines Hauses über seine Wohn=
oder Repräsentationsräume vertheilt — oder es hatte
der gläubige Sinn des Volkes seine Tempel und
Kirchen, später der Bürgerstolz seine Raths= und
Zunfthäuser mit dem edelsten Product menschlichen
Vermögens ausgestattet. Sammlungen dieser Art sind
noch zahlreich in den katholischen Kirchen, in den
holländischen Rathshäusern auf unsere Tage gekommen,
gerade so wie in Japan, China und zum Theil auch
in Indien die alten Tempel ihre Kunstschätze noch
besitzen. Auch alte fürstliche Sammlungen sind mehr
oder weniger intact im Besitz des Geschlechts, das sie
anlegte, erhalten, und nicht selten nehmen die heutigen
Staatssammlungen noch immer die Räume ein, die
für sie hergerichtet wurden, als sie dem Herrscher=
hause gehörten.

Bereits im sechzehnten, in größerem Umfange aber
erst im siebzehnten Jahrhundert lösten sich aus der
großen Masse dessen, was gesammelt wurde, Bilder
und Statuen für die Galerie, Werke der Kleinkunst,
naturhistorische Curiositäten für die „Kunstkammer",
einzelne Specialitäten los und wurden in besondern
Räumen für sich geordnet und wissenschaftlich

bearbeitet; so kamen u. A. die Naturalien-, Münz-
und Kupferstichcabinete auf.

Aber der gründliche Umschwung im Character
aller Sammlungen hat sich seit ihrem Uebergang an
den Staat, oder ihrer Gründung durch den Staat
vollzogen. Sie sind jeglicher Art privater Laune
entzogen, werden nach festen wissenschaftlichen Grundsätzen in gesicherter Tradition verwaltet und systematisch
vermehrt.

Die Kunstmuseen haben bei diesem Uebergang
eingreifende Veränderungen erlitten, denn der Kunst-
gegenstand ist zum ersten Male gänzlich aus dem
Zusammenhange gerissen mit der Umgebung, für die
er gedacht war. In demselben Raume hangen nebeneinander das Altarbild der Kirche, die colossale mytho-
logische Wanddecoration eines Renaissancepalastes und
das winzige Tafelbild, das für das Zimmer des wohl-
habenden Bürgers geschaffen ist. Freilich lassen sich
die Anfänge dieses Zustandes schon bei den großen
fürstlichen Sammlungen unter den Selbstherrschern des
vergangenen Jahrhunderts nachweisen. Auch sie litten
bereits an Häufung. Das Tafelgemälde war nicht
mehr ein Kleinod, das möglichst selbstständig und von
der Umgebung unbeeinflußt zur Geltung kommen
sollte. In den Galerien und Gemächern waren die

ganzen Wände damit bedeckt, als wären sie nur ein kostbarer Ersatz für die Tapisserie. Die Sculptur ist nur ausnahmsweise in ähnlicher Art mehr magazinirt als aufgestellt worden. Schon ihre geringere Quantität führte zu einer angemesseneren Behandlung. Weit besser als das Tafelgemälde ließ sich das Relief und die Statue in das architectonische Ganze eines Gemaches, einer Halle einordnen. In dieser Beziehung ist es höchst characteristisch, daß die Renaissance und die von ihrer Bewegung direct abhängigen Jahrhunderte die Reste antiker Plastik so gut wie möglich zu restauriren suchten. Unser Intactlassen des Fundzustandes ist erst das Resultat einer vorwiegend wissenschaftlichen Betrachtung der Kunstwerke.

Von den fürstlichen Galerien haben unsere Bildermuseen die Sitte überkommen, ihren Inhalt möglichst gedrängt in knappen Räumen aufzuspeichern. Alle neuen Museumsbauten des Continents erscheinen deshalb von modernem Standpunkte, der eine Anordnung verlangt, die der künstlerischen Individualität des Objectes gerecht wird, als von vorn herein selbst für den ursprünglichen Bestand der Sammlung zu eng bemessen.

Nicht länger wird heute das Ideal einer großstädtischen Galerie in der überwältigenden Masse

gefucht, ſondern in der angemeſſenen Aufſtellung
vorzüglicher Werke, womit zugleich dem Kunſtgenuß
und den Anſprüchen der Wiſſenſchaft genug gethan
wird. Wenn nun ſchon hierdurch die Anforderungen
an Weiträumigkeit um ein Bedeutendes geſteigert
ſind, ſo kommt bei der künftigen Anlage von Staats=
muſeen deren großartige Sammelkraft in Anſchlag,
die den Zeitpunkt mit Sicherheit vorausſehen läßt,
da in Privatbeſitz nur ausnahmsweiſe noch ein werth=
volles Erzeugniß älterer Kunſt vorhanden ſein wird.
In der That haben ſich faſt alle einſchlägigen Neu=
bauten in wenigen Jahren als zu eng erwieſen.
Zuweilen war während der Bauzeit die in andern
Räumen untergebrachte Sammlung ſo ſehr an=
geſchwollen, daß ſchon für die erſte Aufſtellung
der Raum des Neubaues nicht langte. Die erſte
Bedingung bei der Anlage eines modernen Staats=
muſeums iſt deshalb die Geräumigkeit.

Leider fehlt es in dieſer Hinſicht den Berliner
Muſeen ſeit ihrer Entſtehung. Kaum war vor
fünfzig Jahren das Schinkel'ſche alte Muſeum am
Luſtgarten bezogen, ſo ſtellte ſich das Bedürfniß nach
weit größeren Räumlichkeiten heraus. Wenig mehr
als zehn Jahre nachher ſtand das Stüler'ſche Muſeum
fertig. Heute ſind die meiſten Werke der Kleinkunſt

ausgeschieden und werden im Neubau des Kunst=
gewerbe=Museums aufbewahrt; das umfassende ethno=
graphische Museum ist geschlossen und so gut wie
magazinirt, bis es den stattlichen Neubau in der
Königgrätzer Straße beziehen kann, und dabei leiden
die Räume aller Abtheilungen an Ueberfüllung.
Kaum mehr als die Hälfte der Gemälde kann
dem Publicum zugänglich gemacht werden.

Daß man bei den jetzt nothwendig werdenden
Neubauten auf möglichst lange Zeit das Bedürfniß
zu decken sucht, liegt auf der Hand. Wäre nur nicht
der verfügbare Raum so knapp bemessen! Wenn die
unter dem Namen Museumsinsel bekannte Landzunge
zwischen der Spree und einem Nebenarm, dem Kupfer=
graben, in ihrem ganzen Umfange zur Benutzung
frei läge, dann wäre kaum eine bessere Lage für
Museumsbauten denkbar als dieses Terrain im
Herzen der Stadt. Aber das neue Museum und
die National=Galerie haben sich ungünstig eingeordnet.
Es ist so viel Raum um sie her brachgelegt, wie
durch eine unglückliche Disposition überhaupt nur
immer verloren gehen konnte. Dann ist zum Ueber=
maaß die Stadtbahn quer über die Mitte der Land=
zunge gelegt, so daß ein dreieckiges Stück an der
Spitze abgeschnitten wird.

für die Bebauung dieses Terrains mit Museums-
Anlagen hat der Staat eine Concurrenz ausgeschrieben.
Man hat damit einen Gedanken Friedrich Wilhelm IV.
wieder aufgenommen. Der Fassung des Programms
nach dürfte als erstes Ergebniß noch kein Definitivum
erwartet worden sein, denn bei einigen Hauptpunkten
war wohl ein Wunsch nach bestimmter Richtung
ausgesprochen, aber nicht in verbindlicher Form.
Auch die Architecten haben offenbar die erste Concurrenz mehr als ein Vorspiel aufgefaßt, als eine
generelle Lösung des Problems, welche die Möglich-
keiten klar legen sollte.

Eine der Hauptschwierigkeiten bestand in der
Aufstellung der Pergamener. Es war der Gedanke
angeregt worden, den Altar in seiner ursprünglichen
Gestalt wieder aufzubauen, und so fragte es sich vor
Allem, wie weit sich dies mit den übrigen noth-
wendigen Anlagen auf dem engen Raum vertrüge
und welcher Art die Lösungen sein würden. Es ist
keine Kleinigkeit, die Möglichkeit für einen colossalen
Raum mit tiefeinfallendem Seitenlicht bei so beschränkter
Localität und so zahlreichen sonstigen Anforderungen
zu schaffen. Die weitaus meisten Lösungen haben
deshalb auf den Wiederaufbau verzichtet und dafür
nach einem andern Gedanken des Programms das

Bauwerk als eine Art Treppen=Anlage an einen
Hauptbau geschoben. Dies wird auch wohl der
Ausweg bleiben, zumal da vom Fries der Rückseite
nur einzelne Bruchstücke gefunden sind.

Ueberaus schwierig ist auch die Behandlung der
Stadtbahn. Soll sie der ganzen Länge nach überbaut
werden? Damit wären die Museen zugleich vor
dem Ruß geschützt, der bei jedem widrigen Winde
einbringt.

Das Dreieck an der Spitze jenseit der Stadtbahn
ist als Museum für die Kunst der christlichen
Epoche in Aussicht genommen. Es werden die
Gemälde, die Sculpturen der Renaissance 2c. und die
Gypsabgüsse nach Sculpturen aus christlicher Zeit
hineinkommen.

Was die äußere Ausbildung der Architectur
anlangt, so muß bei allen Projecten eine weise
Mäßigung hervorgehoben werden. Diese lag eines=
theils schon in einer Bemerkung des Programms als
Forderung ausgesprochen, andrerseits versteht sich von
selbst, daß der Staat bei der späteren Ausführung
die Mittel zu äußerer Pracht nicht leicht gewähren
wird, wo es sich um eine Riesenanlage handelt.
Es kommt hinzu, daß die Museumsinsel wohl im
Herzen der Stadt, aber doch ganz versteckt liegt. Nur

an der einen Seite, der Landzunge gegenüber, führt
eine wenig begangene Straße an dem jenseitigen
Ufer entlang, auf die andere giebt es keine Ansicht
von einer Straße aus. Auch führt kein großer
Straßenzug von irgend einer Seite auf die Insel,
noch wird dies Verhältniß sich in absehbarer Zeit
ändern. Und vom Lustgarten aus verdeckt Schinkel's
Museum die sämmtlichen hinter ihm gelegenen Bau-
werke schon jetzt.

Daß weiterhin eine unverkennbare Neigung zu
klassicistischen Formen sich ausspricht, erklärt sich aus
den Bauten Schinkel's, Stüler's und Strack's, mit denen
die neuen Anlagen in Uebereinstimmung gebracht
werden sollen. Nur hin und wieder kommen ganz
phantastische Projecte vor, wie z. B. der Plan, den
pergamenischen Altar als eine Art Akropolis über
der Stadtbahn aufzuthürmen.

Einige Projecte haben auch den Versuch einer
Regulirung der umliegenden Stadtviertel gemacht, um
große Perspectiven zu gewinnen. Für die Zukunft
dürfte einer oder der andre dieser Pläne manche
Anregung bieten, denn schwerlich werden sich die
engen, verlorenen Quartiere am Kupfergraben im
Mittelpunkt der Stadt halten können.

Die beiden neuen Panoramen

In wenigen Jahren kann das Panorama seinen
hundertjährigen Geburtstag feiern. Es hat mancherlei
Schicksale erlebt, alle im Bereich der Möglichkeit
liegenden Kinderkrankheiten durchgemacht; nur die
Zuneigung des reflexionslos genießenden Publicums
hat es am Leben gehalten und gegen die Verachtung
oder Gleichgültigkeit derer, die es besser wissen, in
Schutz genommen; dankbar hat es sich, zu Kräften
gekommen, von allen schlechten Angewohnheiten und
Unarten befreit, hat sich die warme hingebende Freund-
schaft großer Künstler errungen, die es weit über das
Erreichbarscheinende hinaushoben, und heute an seinem
Jubiläum zählt es zu den populärsten Kunstinstituten;
keine Großstadt, kaum eine Mittelstadt will seiner entbehren, und selbst die widerstrebende Aesthetik sieht
sich gezwungen, es als eine Erweiterung und Be-
reicherung der altbestehenden Kunstformen anzuerkennen.

Seine Wiege stand in England, aber die Erziehung
zum Weltbürger genoß es in Paris. Anfangs war
es sich des Reichthums seiner eingeborenen Mittel
noch nicht bewußt; es schielte nach dem Theater
und ist von Donner und Blitz und natürlichen
Wasserfällen nicht ohne Anstrengung losgekommen.
Wie in aller Kunst ging auch hier Probiren
über Studiren. Allmählich, wenn auch erst spät,
lernte es seine eigenen Kunstmittel erkennen, und
mit wachsender Kraft und Selbstbeherrschung ließ es
eins nach dem andern die populären Scherze zur Be-
lebung des Vordergrundes fallen. Der halb aus-
gestopfte, halb gemalte Verwundete und seine mannigfachen Varianten sind als überflüssige Spielerei
vornehm beseitigt. Die neuesten Panoramen geben
im Vordergrund nur so viel, daß die Illusion
nicht gestört wird, statt daß man früher den Nachdruck auf seine mannigfaltige Ausbildung zu setzen
gewohnt war. Dafür wird alle Kraft an die
künstlerische Bezwingung der gemalten Fläche des
Cylinders gesetzt. Was hier auf den bedeutendsten
neueren Werken erreicht wird, berechtigt zu den
weitesten Hoffnungen für die Zukunft, denn das
Thema des Panoramas ist mit den augenblicklich
begreiflicher Weise besonders populären Schlachten-

darstellungen bei weitem nicht erschöpft. Eine un=
begrenzte Beliebtheit hat die Anstrengungen belohnt.
Kein Künstler, der die Kraft in sich fühlt, der ge=
waltigen Aufgabe Herr zu werden, hält sich mehr zu
vornehm, im Gegentheil, es ist der Traum der be=
deutendsten geworden, Phantasie und Technik an
einem großen Vorwurf zu erproben.

Es kommt hinzu, daß man sich allmählich der
großen erzieherischen Wirkung der Mitarbeiterschaft
an der Herstellung eines Panoramas bewußt geworden
ist. Giebt es doch kaum eine Seite des technischen
Vermögens, an die nicht die größten Ansprüche ge=
stellt würden. Jeder Kunstgriff, über einen Mangel
an Können zu täuschen, ist ausgeschlossen, wo auf
Schritt und Tritt die Wirklichkeit selbst eine Controle
an die Hand gibt. Im Colorit fällt jegliche Tönung
und Stimmung fort, die nicht zur Sache gehört. Für
jede Einzelheit wie für die Gesammterscheinung muß
in jedem Augenblick die Natur zu Rathe gezogen
werden. Es gibt auf dem ganzen Gebiete der
modernen Malerei überhaupt keine Leistung, die den
Künstler so ganz auf eigene Füße stellt, die so un=
erbittlich jegliche Tradition abschneidet wie das
Panorama. Wer in einem Palast, im Rathhaus
oder Museum mit dem künstlerischen Schmuck der

Wände betraut ist, vermag nur mit äußerster Anstrengung sich dem Einfluß der Alten zu entziehen und, wie es für jede große originelle Leistung nöthig ist, aus der eigenen Zeit allein sich zu inspiriren. Ueber das Panorama hat keine Gewalt, was früher geschaffen; an seinem Eingang geben die Schatten der großen Italiener und Niederländer den modernen Künstler frei. Lionardo's bekannter „Enkel der Natur" vermag die Aufgabe, die drinnen seiner harrt, nicht zu bezwingen. Damit haben wir eine Eigenschaft des Panoramas berührt, die vielleicht einmal von den Geschichtschreibern der modernen Kunst als einer der wichtigsten Hebel zur Freiheit hervorgehoben wird.

Doch hat diese Leistung des Panoramas, so hoch sie angeschlagen werden muß, mit seiner künstlerischen Existenzberechtigung ebenso wenig zu thun wie seine Fähigkeit, als Vehikel ungeheuren Stoffes die Erinnerung an große Begebenheiten so frisch zu erhalten, wie es durch kein anderes äußerliches Mittel geschehen könnte, oder fremde Länder und Völker in greifbarer Anschaulichkeit denen vorzuführen, die sie mit eigenen Augen nie erblicken werden. Es wird zwar dieser rein stoffliche Inhalt des Panoramas stets ein Hauptlockmittel bleiben, nnd für das große Publicum mit

seinem Zweck identisch sein. Aber interessirt sich denn
die breitere Schicht des Volkes oder nur der Gebildeten
überhaupt für ein Kunstwerk, dessen Stoff ihm gleich=
gültig ist, oder das von einem Inhalt absieht, so
weit dies möglich? Doch ist heute der Tag noch
nicht angebrochen, an dem wir mit Sicherheit zu
sagen vermöchten, was eigentlich das Panorama ist
und kann. Es ist noch nicht lange her, daß es mit
Bewußtsein in die Bahnen rein künstlerischer Ent=
wickelung eingelenkt ist. Wohin es gelangen wird,
welche Aufgaben es zu bezwingen findet, das muß
die Zeit lehren.

1884

Sobald das Panorama mit künstlerischen Tendenzen
auftrat, haben die Aesthetiker ihren Mahn= und Weck=
ruf ausgestoßen, um vor dieser Ausgeburt einer un=
künstlerischen Zeit zu warnen. Es scheint, als ob sich
Niemand darum kümmere. Kunstausstellungen machen
schlechte Geschäfte, das Panorama ist eine der besten
Capitalanlagen. Sein Publicum ist nicht das grusel=
süchtige des Panoptikums, wie man wohl behauptet
hat; das Panorama zieht im Gegentheil vorzugs=
weise die gebildeten Kreise an, besonders die Künstler.
Schon der Eintrittspreis, den eine Kunstausstellung

bei uns in der Höhe nicht erheben dürfte, zieht eine
feste Schranke. Es ist gegenwärtig der einzige Factor,
der zugleich zur Beherrschung großer Räume und zu
einer Bezwingung der Natur in modernem Sinne
führt. Zu der Monumentalmalerei, die sich von
dem Banne der Vergangenheit so schwer loslöst,
bildet es die willkommenste Ergänzung.

In den letzten Jahren ist dem Panorama noch
obendrein eine wichtige Vermittlerrolle im inter=
nationalen Kunstleben zugefallen. Das Normalmaaß
der belgischen Gesellschaft, das allgemein durchgeführt
ist, ermöglicht den internationalen Austausch. Pariser
Panoramen sind bereits in Berlin zur Ausstellung
gelangt. Jüngst hat sich auch Amerika dem europäischen
System angeschlossen. Vielleicht wird dieser inter=
nationale Character dem Panorama neue Wege weisen.
Die einseitige Vorliebe für Schlachtendarstellung er=
schwert den Austausch ungemein. Weit allgemeiner
würde die Reconstruction classischer Landschaften oder
das Portrait berühmter moderner Gegenden gewürdigt
werden. Diese Stoffe bieten auch die Möglichkeit einer
ruhigeren Staffage als die Schlachtenbilder. Was
wäre mit einem Panorama von Jerusalem, von
Rom, vom alten Athen zu erreichen?

1885

Der Neubau
der technischen Hochschule

Noch ist kein Jahrzehnt vergangen, seit im Jahre
1876 Wehrenpfennig im Landtage den Antrag stellte,
die getrennt nebeneinander stehenden Lehranstalten
der Gewerbeakademie, für deren Unterbringung ein
großer Neubau projectirt war, mit der Bauakademie
zu einer technischen Hochschule zu verschmelzen, die
gleichberechtigt neben der Universität stehen sollte, und
heute schon haben wir die Einweihung ihres stolzen
Palastes erlebt, des mächtigsten der Monumentalbauten
im neuen Berlin. Daß in der kurzen Frist von sechs
Jahren, die seit der Grundsteinlegung verflossen, ein
solches Riesenwerk ohne Stocken zu Ende geführt
werden konnte, trotzdem der Tod den ersten Leiter des
Baues, Lucae, und seinen Nachfolger Hitzig mitten
im Schaffen dahinriß, trotzdem fünf Minister nach=
einander die oberste Disposition ausübten, ist ein

10*

glänzendes Zeugniß für die Leistungsfähigkeit unserer
Verwaltung, die in ihrer sicheren Continuität Rückhalt
und Kraft findet.

Die feierliche Einweihung, welche am vergangenen
Sonntag im Beisein des Kaisers, des Kronprinzen und
des Prinzen Wilhelm im großen glasgedeckten
Lichthof des Gebäudes vollzogen wurde, markirt in
mehr als einer Beziehung einen Abschnitt in der Ent=
wickelung unserer Zustände. Welch ein kräftiges
Mittel, die Bewohner Berlins, die sich noch immer
nicht recht darin finden können, daß sie in einer
Großstadt wohnen, auf die Bewältigung großer Ent=
fernung einzuüben, wird nicht allein die Lage des für
mehr als zweitausend Studirende eingerichteten Riesen=
baues bilden! So sehr man sich sträubte, sah man
sich genöthigt, den Bauplatz nicht allein in weiter
Entfernung vom Centrum, sondern sogar außerhalb
des Weichbildes der Stadt auf Charlottenburger Boden
zu suchen. Zwar bietet die nächste Nähe absolut keine
Möglichkeit, für die Studirenden Quartier zu schaffen;
dafür zieht sich die Stadtbahn in geringer Entfernung
vorüber und wird ein bequemes Verbindungsmittel
nach allen Richtungen bieten. Mag der Bevölkerung
die wachsende Großräumigkeit noch so sauer ankommen,
sie wird sich an die Decentralisation gewöhnen müssen,

und im Interesse der Entwickelung der Verkehrs=
mittel wäre es durchaus wünschenswerth, daß der
kühne Schritt, ein wichtiges Institut zum Centrum
einer schwach bevölkerten Gegend zu machen, die
aber in kurzer Frist der schönste und gesundeste
Stadttheil werden wird, nicht ohne Nachfolge bleibt.
Daß die großen Bildungsanstalten räumlich so weit
getrennt sind, ist gewiß zu bedauern, aber wie will
man es möglich machen, auf die Dauer die An=
nehmlichkeiten einer Kleinstadt zu bewahren?

In weit umfassenderem Sinne wird die nunmehr
definitive Vereinigung aller technischen Lehrkörper in
einem Institut für unsern Staat Epoche machen. Im
Princip ist sie ja längst anerkannt und durchgeführt,
aber für das Bewußtsein des Volkes wird sie vom
Tage der Eröffnung des Neubaus datiren und als
Technische Hochschule ein gleichberechtigter Factor
neben der Universität stehen.

Das ist nichts Geringes. Es ist in unserer
Monarchie das erste Mal, daß die junge moderne
Bildung eine monumentale Huldigung in großem
Stil empfängt. Sie wird, so glänzende Erfolge sie
den Leistungen der Wortweisheit alten Stils gegen=
überstellen kann, immer noch nicht für voll gehalten.
Nicht für den Philologen allein ist der Techniker ein

Gebildeter zweiter Classe, selbst wenn an Umfang
und Tiefe ihm jener nicht das Wasser reicht; denn
was Jahrtausende gegolten hat, wird so schnell nicht
entthront, zumal nicht von einer jungen Bildung, die
bei ihrem ungeheuerlichen Umfang sich ihrer selbst
noch nicht bewußt geworden ist. Aber so klaffend
der vorläufige Zwiespalt in unserer Cultur dastehen
mag, er wird sich schließen. Daß dies nicht auf dem
Boden des Alten geschehen kann, der viel zu eng ist,
um das ungeheure Gebäude tragen zu können, dar=
über ist man sich nicht länger im Unklaren. Und ebenso
selbstverständlich vermag die naturwissenschaftliche
Bildung unserer Tage noch nicht die Grundlagen einer
humanen Erziehung zu bieten. Aber in hundert Jahren
wird der Standpunkt ein anderer sein! Dann werden unsere
Enkel, wenn nicht große Katastrophen die Entwicke=
lung hemmen, die festen Fundamente einer selbst=
ständigen neuen Bildung legen können, in der das
Alte nur als ein Element mitwirkt, nicht als etwas,
das für sich allein bestehen, für sich allein genügen
kann. Wenn wir auf dieses Ziel blicken, dann muß
uns die neue technische Hochschule als eine wichtige
Etappe auf der Bahn erscheinen.

Noch ein anderes Moment wird uns bei diesem
Anlaß in's Gedächtniß gerufen: die überlegene Aus=

bildung, die Deutschland seiner aufstrebenden Generation in allen technischen Wissenschaften zu bieten
vermag. Haben nicht erst jüngst sich in England
mahnende Stimmen erhoben, die gegenüber der
englischen Empirik auf die Dinge in Deutschland
hinwiesen? Und wir stehen noch erst in den Anfängen, haben die Organisationen noch nicht aus-
gebaut, kämpfen zugleich mit der Ueberproduction
an wissenschaftlich geschulten Arbeitskräften — die
übrigens dem ganzen Erdball zu gute kommt —
und der Einseitigkeit rein wissenschaftlicher Erziehung,
die in ihrer etwas philologischen Abkehr von der
Praxis Gefahr läuft, in formalistischer Examen-
macherei zu ersticken.

1884

Das Zeughaus

Was uns nach langem Sehnen und Harren seit der Wende dieses Jahrhunderts beglückt, ist uns schon so gewohnt und alltäglich geworden, daß wir besonderer Anlässe bedürfen, um die jubelnde Freude über den endlich errungenen Besitz auf's Neue in uns aufflammen zu fühlen. Derart sind die Empfindungen, die uns beim Betreten des einer neuen Bestimmung geweihten Berliner Zeughauses bestürmen. Friedrich, der dritte Kurfürst und der erste König dieses Namens, legte den Grundstein des herrlichen Bauwerkes. Der alte Kurhut und die junge Königskrone schmücken es einträchtig in bedeutungsvoller Symbolik. Die Bestimmung des Baues war nicht mehr und nicht weniger als der Munitionsspeicher des Heeres zu sein, und der reiche Schmuck an Statuen und Symbolen entsprang lediglich aus dem Kunst- und Prachtbedürf=niß des ersten Königs. Heute möchte es bedünken,

als seien die Ruhmesgöttinnen, die von der Baluſtrade
herab in die Poſaune ſtoßen, die Adler, die ſich von
den Schlußſteinen aufſchwingen, die Corbeeren, Eichen
und Palmen des Sieges, die reichen Trophäen und
die gefeſſelten Gefangenen, unter denen auch der
beturbante Türke eine Rolle ſpielt, der damals noch
das Schreckbild Europas abgab, wie durch eine Vor-
ahnung der künftigen Größe ſo reich und prächtig in
die Erſcheinung gerufen, und die Inſchrift über dem
Haupteingang, die ſich über den urſprünglichen Zweck
des Gebäudes ausſpricht: den Waffenthaten zur An-
erkennung, den Feinden zum Schrecken, ſeinen Völkern
und Bundesgenoſſen zum Schutz habe es Friedrich I.
zur Bergung der Kriegsgeräthe erbauen laſſen, würde
ohne weſentliche Veränderung auch auf die Ruhmeshalle und das Muſeum der Waffen- und Kriegsbeute
übertragbar ſein, zu dem das alte Zeughaus ein
Wunſch des Kaiſers umgeſtaltet.

Im Innern hat die Reſtauration der letzten Jahre,
die dem verſtorbenen Baurath Hitzig übertragen war,
bedeutende Veränderungen hervorgebracht. Die äußere
Erſcheinung des Gebäudes ſtimmt durchaus mit der
erſten Anlage, nur daß es noch etwas tiefer in der
Erde ſteckt, als von Anfang an der Fall, denn beim
Bau der Schloßbrücke mußte die Straße nicht unerheblich

erhöht werden. Uebrigens konnte schon der erste
Plan mit keiner großen Höhenentwickelung rechnen,
denn das Gebäude lag damals dicht hinter einem
Festlungswalle, den es nicht erheblich überragen durfte.
Vom Schloßplatz aus gesehen wirkt die geringe Höhe
weit weniger auffällig, und dies war die Seite, von
welcher man in der Regel den ersten Anblick genoß.
Die einzige moderne Zuthat, die von außen sichtbar,
bildet die flache Kuppel über der Herrscherhalle, jedoch
spricht sie in der Gesammtwirkung für die Nähe kaum
ein Wort mit. Auch im Innern beschränken sich die
Veränderungen auf einige Hauptzüge. Daß der Ein=
gang wieder wie in den ersten Zeiten an die Südseite,
dem Palais des Kronprinzen gegenüber, gelegt worden,
daß zum Schutz gegen den Zug moderne Windfänge
vor Straßen= und Hofthor eingebaut sind und daß die
ursprünglich projectirte aber nicht vollendete Ein=
wölbung des ganzen ersten Stockes ausgeführt worden,
wird man kaum hierher rechnen. Weit einschneidender
greift die Veränderung des Hofes ein, der durch eine
eingefügte Freitreppe nach dem ersten Stock und durch
die Ueberdeckung mit Glas einen anderen Character
gewonnen hat. Bei letzterer hat Hitzig besondere
Schwierigkeiten zu überwinden gehabt. Um für immer
die Zuthat als solche kenntlich zu machen, hat er mit

richtigem Gefühl keinen architektonischen Uebergang
herzustellen versucht. Auf weiten flachen Segment=
bogen, deren jeder eine Seite des Hofes überspannt,
ruht ein Rahmen von Kassetten, der das Feld des
Glasdaches in sich schließt. Von der Eisenconstruction
ist nichts verdeckt. Die Zuthat hebt zwar in keiner
Weise die Wirkung der alten Anlage, aber sie ist
zum Mindesten kein Compromiß, was in unserer
Zeit immerhin anzuerkennen ist.

Bedenklicher steht es um die Freitreppe. Daß sie
eine Nothwendigkeit war, läßt sich nicht leugnen, denn
die unbedeutenden Wendelstiegen der Treppenthürme
in den Nordecken des Hofes würden sich nimmermehr
zu dem monumentalen Aufgang haben umgestalten
lassen, der für die Ruhmeshalle im ersten Stock unum=
gänglich. Da die Möglichkeit, eine Treppenanlage gleich
beim Eingang oder in den beiden Seitenflügeln auszu=
führen, aus Rücksicht auf die unmittelbare Erreichbarkeit
der Ruhmeshalle im nördlichen Flügel ausgeschlossen
war, so blieb nichts übrig, als die neue Treppe dem
Südeingange gegenüber an die Nordseite des Hofes zu
schieben, wo sie von den Treppenthürmen flankirt
und nicht wenig in der Entwickelung gehindert wird.
Zwei Arme schwingen sich zu dem Treppenflur
empor, von dem man durch eine Flügelthür in die

prächtige Halle gelangt. Reicher bildnerischer Schmuck
aus der Hand Reinhold Begas' belebt die Anlage.
Auf den inneren Wangen erhebt sich jederseits die
Colossalstatue eines sitzenden Kriegers, in den beiden
dreieckigen Feldern neben dem mittleren Thorbogen
lagern allegorische Frauenfiguren in flachem Relief.
Daß sich der moderne Bildhauer hier, so weit es in
seinen Mitteln lag, der Formensprache seines großen
Vorgängers an dem Gebäude fügte, bedarf keiner
Erwähnung bei R. Begas, dessen Neigung ohnehin
auf die malerisch bewegte Sculptur des Barock geht.
Seine Krieger tragen nicht wenig zu der Wirkung der
Treppenanlage bei, ohne sie jedoch gänzlich heraus=
reißen zu können. Sie wird stets eine Zuthat in dem
edlen Hofraum bleiben, trotzdem man für die Details,
wo man konnte, Vorhandenes copirte. Daß sie von
auffallender Steilheit, gereicht ihr nicht zum Lobe.

För die Ruhmeshalle wurde die ganze Rückseite
im ersten Stock umgebaut. Sie hat auf der ganzen
Strecke Oberlicht erhalten, und in der Mitte wurde
ein Quadrat für den Kuppelraum ausgebrochen.
Dieser Theil der Anlage konnte weder in seinem
bildnerischen noch in seinem malerischen Ausschmuck
vollendet werden und soll noch auf längere Zeit
dem Publicum verschlossen bleiben.

Das Museum füllt die alten Lagerräume in den Hallen. Unten werden auf der Ostseite die historisch geordneten Kanonen beherbergt, die eine übersichtliche Entwickelung der Belagerungsgeschütze gewähren von den alten Feldschlangen der Wälle freier Städte bis zu den Kanonen, die für die Beschießung der Luft= ballons erfunden sind. Die andere Seite ist großen plastischen Plänen wichtiger Festungen und Schlacht= felder gewidmet. Oben befindet sich das Museum der Handwaffen, der Rüstungen und Uniformen des preußischen Heeres in seiner ganzen Entwickelung sammt Beutestücken aus allen Kriegen. Das Gebiet der fremden und der Prachtwaffen unserer eigenen Ver= gangenheit läßt natürlich Manches zu wünschen. Es hat in Berlin nicht wie in Dresden, München, Wien, Paris und Madrid im Besitz des Fürstenhauses ein alter Sammlungsbestand sich durch die Jahrhunderte erhalten.

Mit dem Zeughause und seinen Sammlungen hat Berlin eine Sehenswürdigkeit gewonnen, die ihm bisher gänzlich gefehlt, und die doch dem Character seiner Bevölkerung nach eine Popularität voraussehen läßt, gegen welche die der übrigen Museen schweren Stand hat.

Zur jüngsten Weltausstellung

I.

Antwerpen 1885

Ob eine internationale Ausstellung in Duodez, wie sie schon längst nichts Neues mehr sind, ersprießlich oder vom Uebel, kann nicht mehr zweifelhaft sein. Westeuropa bildet heutzutage ein fast homogenes Culturland mit geringen localen Differenzen, die bei der unerhörten Beweglichkeit von Menschen und Producten sich in wachsender Schnelle ausgleichen. Die Magazine jeder großen Stadt bieten einen nahezu erschöpfenden Ueberblick alles dessen, was irgendwo in Europa erzeugt wird. Nur wenige, ganz verschwindende Producte von ausnahmsweiser Kostbarkeit pflegen nicht auf dem Markt zu sein, wie etwa die vollendetsten Pariser Möbel und Broncen. Alles Andere steht jedem, der es bezahlen kann, an jedem Ort zur Auswahl. Was kann bei solchen Zuständen eine Ausstellung, wenn sie nicht in ganz großem Stil angelegt und ausgeführt ist, Besonderes bieten? Angesichts der ungeheuren Zahl der Industriezweige, bei dem breiten Raum, den die Rohproducte und Maschinen verlangen, ist es mechanisch unmöglich, daß, wo nicht die allergrößten Mittel zu Gebote stehen, in den einzelnen Fächern mehr als fragmentarische Andeutungen zu Stande kommen. Man geht denn auch längst nicht mehr mit irgend welchen Erwartungen an das Studium der Weltausstellungen. Aus den erschütternden Ereignissen, die sie in ihrem Ursprung waren, sind sie große, ungleichmäßig beschickte Bazare geworden, die höchstens für die jeweilige Localindustrie Bedeutung gewinnen.

Die Praxis hat es dagegen noch zu keiner einheitlichen Auffassung und Behandlung gebracht. Obgleich die kleinen Weltausstellungen, deren Anziehungskraft nicht sehr weit wirkt, in der Regel mit einem Deficit schließen, finden sich immer noch Gemeinwesen, deren Unternehmungslust sich durch fremde Erfahrung nicht abkühlen läßt. Es kommt auch wohl vor, daß, wie in Amsterdam, eine kühne Privatspeculation der Bevölkerung halb gegen ihren Willen eine Weltausstellung aufnöthigt. Daß sich Berlin ihrer bis jetzt erwehrt hat, ist ein halbes Wunder. Betheiligung

und Beſchickung ſeitens der Staaten wie der Privat-
intereſſenten werden von den verſchiedenartigſten Geſichts-
punkten beſtimmt. Die größere Mehrzahl beider
enthält ſich ganz, andere treten in unentſchloſſener
Halbheit auf oder kommen zu ſpät, einige wenige
ſtürzen mit voller Rüſtung in die Arena. Was überhaupt zu gewinnen iſt, fällt ihnen bei der mangel-
haften Bewaffnung der Mitſtreiter von ſelber zu.

Das tritt auch in Antwerpen zu Tage. Unſere
Regierung hat ſich jeder activen Theilnahme vollkommen enthalten. Was unſere Abtheilung leiſtet,
verdankt ſie lediglich den Privatunternehmern. Die
engliſche und öſterreichiſche Regierung haben ſich der
unſern angeſchloſſen. Letztere freilich ausgeſprochener-
maßen nur deshalb, weil ſie gerade in Budapeſt eine
eigene Ausſtellung zu verſorgen hat. Zum Erſatz
hat der Kaiſer von Oeſterreich ſich aus Privatmitteln
dem Unternehmen gewogen gezeigt und zum wirkungsvollen Abſchluß der Abtheilung ſeines Landes aus
einem ſeiner Schlöſſer zwei gewaltige ſchmiedeeiſerne
Eingangsthore — Anfang des vergangenen Jahrhunderts — hingeſandt, Werke, die in ihrer unver-
gleichlichen Technik und ihrer verſchwenderiſchen Pracht
jede moderne Leiſtung derſelben Art auf der Ausſtellung in Schatten ſtellen. Rußland hat ſeine nicht

sehr umfangreiche Abtheilung geschmackvoll aus=
gestattet. Frankreich hat für die Decoration seiner
Räumlichkeiten aus Staatsmitteln 600000 Franken
hergegeben, hunderttausend mehr als Belgien. Aber
es hat seinen Ausstellern eine nicht unbedeutende
Platzmiethe aufgelegt. Ganz allein steht Italien.
Wie hoch sein Beitrag, war nicht zu erfahren, aber
es hat nicht allein die Decoration, sondern auch den
Platz auf seine Rechnung genommen, mehr noch, es
zahlt, wie mir der Commissar versicherte, beide
Frachten, so unglaublich es klingt. In der italienischen
Abtheilung werden deshalb auch gegen Schluß der
Ausstellung nicht, wie es anderswo vorkommt, die
bekannten Preisermäßigungen um den Betrag der
Rückfracht eintreten.

Das Resultat ist ein großer Erfolg für Frankreich
und theilweise für Italien. Man könnte die Aus=
stellung ebensogut als eine französische ansehen.
Oesterreich trägt wenigstens einen Achtungserfolg
davon, weil sich seine geschickte und geschmackvolle
Einrichtung dem Gedächtniß einprägt. Deutschland
und England müssen sich eingestehen, daß sie daneben
eine schlechte Figur spielen, daß sie den Franzosen und
Italienern nur als Folie dienen. Deutschland kommt
dabei leider am schlechtesten weg. Es steht mit einer

unendlichen Menge des Mittelmäßigen, das die
wenigen hervorragenden Partien erdrückt, in der ab=
geschmacktesten Decoration unmittelbar neben dem mit
raffinirter Berechnung, aber mit höchstem Geschmack
eingerichteten Frankreich, während England, das noch
dazu einen unbedeutenden Flächenraum einnimmt, fast
verschwindet.

Warum sind wir überhaupt hingegangen? Haben
wir denn an den vorigen Niederlagen noch nicht
genug? Nach den bisherigen Erfahrungen kann das
Privatunternehmen allein es zu keiner durchschlagenden
Vertretung unserer Interessen bringen. Giebt es kein
Mittel zu verhüten, daß, wo der Staat sich zurück=
zieht, überhaupt unter der Flagge des Reichs aus=
gestellt wird?

* * *

Wie die Sachen nun einmal liegen, richtet sich
unser Augenmerk zunächst weit weniger auf die aus=
gestellten Objecte, als auf die Anlage der Ausstellung
und die Art, wie sich die einzelnen Nationen mit
oder ohne Unterstützung eingerichtet haben. Was
kann dem Berliner Leser daran liegen, zu erfahren,
daß Castellani in Rom noch einige neue Kopien

antiker Schmuckgegenstände ausgestellt hat, daß die
französischen Bronzen immer noch unerreicht dastehen,
daß die Genfer Uhreninduftrie eine Kollektivausstellung
gemacht hat, oder wie viele von den großen Indu=
ftriellen sich nicht betheiligen wollten?

Ganz anders steht es mit der äußern Einrichtung.
Hier giebt es zu lernen, positiv und negativ. Hier
hat die Oeffentlichkeit das Recht und die Pflicht, ernst=
haft zu fragen, ob frühere Erfahrungen berücksichtigt
sind, ob für das Behagen und die Sicherheit der Be=
sucher alle Vorkehrungen getroffen wurden, was die
künstlerische Ausstattung leistet. Die Ausbildung des
äußeren Apparates der Ausstellungen gehört zu den
wichtigsten Aufgaben der nächsten Zukunft, sowohl in
praktischer wie in künstlerischer Hinsicht. Daß wir in
erfterer Beziehung noch unendlich viel zu lernen
haben, namentlich was die Baulichkeiten anlangt,
läßt sich nicht verhehlen. Wir brauchen nur an unser
Unglück mit der „Hygiene" zu denken und haben alle
Ursache, die äußerften Anftrengungen zu machen, daß
nicht in letzter Stunde noch eine Kataftrophe herein=
bricht, vor der uns die langen Jahre hindurch trotz
all der Hunderte von leichtsinnig aus dem feuer=
gefährlichften Material mitten in der Sommerhitze
errichteten leichten Baulichkeiten ein mildes Geschick

bewahrt hat. Was die künstlerische Ausstattung an=
langt, so haben wir in den großräumigen Anlagen
aus vergänglichem Material ein höchst werthvolles
Mittel zum Ausprobiren architektonischer und
malerischer Effecte. In früheren Jahrhunderten
dienten die großartigen Festdecorationen diesem Zweck,
von deren Aufwand wir uns aus den Erfahrungen
der eigenen Zeit, die Feste zu feiern gar nicht mehr
versteht, keine Vorstellung machen können. Ein Theil
dieser Functionen ist von selbst an die Ausstellungs=
baulichkeiten übergegangen, und wenn sie mit Absicht
als künstlerisches Versuchsfeld behandelt würden,
dürften sich nicht unerhebliche Resultate erzielen lassen.
Trotz aller Vorbilder, trotz des „Studirens" kommt
es in der Kunst schließlich doch auf das Probiren an.

Die Ausstellung in Antwerpen bietet in dieser
Hinsicht mehr und weniger, als man erwarten sollte.
Eine mächtige Façade im Charakter eines großen
Steinbaues, ohne jeden Zierrath, der auf ein schnell
vergängliches Dasein deutet, und dahinter nackte
Hallen, deren Ausschmückung gänzlich den Platz=
miethern überlassen ist. Das Terrain ist wenig
günstig, die Ausnutzung nicht ohne Bedenken gut=
zuheißen, und schließlich sind noch jetzt nicht alle
Arbeiten abgeschlossen.

Anfang Mai sollte der große Complex von
Häusern, Hallen und Schuppen fertig sein. Anfang
Juni warnten alle Berichterstatter vor zu frühem
Besuch — es sei wenig zu sehen. Heute, wo der
Juli schon begonnen hat, kriechen an der festlichen
Façade der Ausstellung noch die Arbeiter durch die
Quadern aus Leinwand, scheint noch die Sonne durch
das Lattengerüst, welches, mit Stoff bezogen, als
massiger Unterbau die flankirenden Minarete tragen
soll; und noch schweben hoch oben unter der Himmels-
kugel, welche den Mittelbau krönt, riesenmäßige
Steinprofile aus Leinwand frei in der Luft, denn die
colossalen Atlanten, welche sie zu stützen bestimmt sind,
stehen einstweilen in langer Reihe unten auf einer
Terrasse, die Arme in die Hüften gestemmt, weit vor-
gebeugt, als ob sie verwundert nach ihren Beinen
ausblickten, die noch nicht fertig sind. Von den
Reiterfiguren auf hohem, an die Pfeiler des colossalen
Mittelthores gelehnten Postament stehen vorläufig
erst die drei stützenden Pferdefüße, der Haupteingang
kann noch lange nicht benutzt werden, und so wirkt die
Riesenstatue der Antwerpia, die sich in triumphirender
Geberde auf dem Schlußstein des Bogens erhebt,
durch den Gegensatz zu all der Halbfertigkeit einigermaßen verfrüht.

So viel über die vielberufene Unfertigkeit, die ja
ein Erbübel aller Ausstellungen zu sein pflegt, aber
bisher kaum einer andern so lange in den Gliedern
gelegen hat, wie der Antwerpener.

Die Façade, ein Prunkstück für sich, ist ein Werk
des bekannten Brüsseler Architekten Bordiau. Sie ist
als Abschluß der prächtigen, mit drei Fahrstraßen
unter schattigen Baumreihen prunkenden Avenue du
Sud componirt und erhebt sich in reicher Silhouette
gegen den Himmel. Ein wuchtiger Mittelbau wird
nach Art des Crocadero von schlanken Thürmen
begleitet; nur daß auf engerem Raum die Massen sich
straffer zusammenziehen müssen. Meisterlich sind die
verschiedenartigen Motive zu künstlerischer Einheit
verschmolzen. An den Orient erinnern die Minarete
und das ungeheure Eingangsthor, wie es seit
assyrischen Urzeiten her die Backsteinpaläste und später
die Moscheen geziert hat; der Statuenschmuck und
die strenge, offene Säulenhalle über dem Eingangs=
thor gehören der Renaissance; natürliche Felsen
mit Wasserkünsten, die sich an die Façade lehnen,
dem Barock an, während die Bekrönung mit ihrer
von zwölf Atlanten auf schlichtem eingezogenen Sockel
getragenen Himmelskugel an die Monumental=
phantasien des ausgehenden achtzehnten Jahrhunderts

gemahnt. Diese Anlehnung an den Zopf ist für einen
Brüsseler Architekten recht bezeichnend; trägt doch keine
andere Hauptstadt Europa's so durchaus das Gepräge
dieses Stils. Auf alle Fälle ist es beachtenswerth,
daß in Bordiau's Façade der Zopfstil im engeren
Sinne so klar ausgesprochen liegt. Ein jüngerer
Architekt Belgiens würde dem allgemeinen Zuge
folgend wohl eher Formen der einheimischen
Renaissance eingefügt haben, namentlich, wenn er
der vlämischen Bewegung, die alles Heimische pflegt,
nahe gestanden hätte. Sieht man doch sogar schon
in Brüssel hie und da Neubauten in üppigster Hoch=
renaissance ausgeführt, — freilich weit geschmackvoller
als durchweg bei uns, weil man mit dem edlen
Material des Hausteines seit Alters her umzugehen
gewohnt ist, während bei uns Zink und Cement mit
ihrer billigen Allgefügigkeit der Barbarei Thür und
Thor geöffnet haben.

Mit dieser Façade ist der schöpferische Antheil des
Architekten abgethan. Sie ist dem gänzlich schmuck=
losen Complex von Hallen ohne organische Verbindung
vorgelegt. Was im Innern die einzelnen Abtheilungen
an Decorationen leisten, steht ebenso zusammenhangslos
da, wie in dem kleinen sogenannten Park ein Schank=
haus neben dem andern. Letztere bieten ungemein

wenig Bemerkenswerthes, über einen Scherz hier und
da geht die Erfindung nicht hinaus. Alle werden
geschlagen von dem schmucken Gebäude, das die
französische Regierung für die Ausstellung der Producte
ihrer Colonien errichtet hat. Im Anschluß an die
nationale Kunst der bedeutsamsten darunter hat
der Architekt den Stil Hinterindiens gewählt und in
den fremdartigen, aber mit ungemeiner Mäßigung
behandelten Formen ein höchst praktisch angelegtes
Local geschaffen, das mit seinen buntscheckigen Dächern,
von deren First goldene Flammen aufzüngeln, schon
von Weitem die Neugier rege macht. Die mancherlei
Werke der älteren Kunst des fernen Landes, in
buntem Wechsel mit seinen Rohproducten zu farbigen
Bildern gruppirt, bilden eins der Anziehungscentren
der Ausstellung.

*   *   *

Wenn somit das Studium der künstlerischen Anlage
— auf die Decoration werden wir später eingehen —
keine besondere Ausbeute gewährt, giebt die Construction und die Vertheilung der Räumlichkeiten zu den
schwersten Bedenken Anlaß.

Was man nach unserm Unglück mit der Hygiene
nicht für möglich halten sollte, wurde hier in's Werk

gesetzt: ein mächtiger Complex von Hallen, die mit den entzündbarsten Stoffen gefüllt sind, ist, wenn auch in leichter Eisenconstruction aufgeführt, doch überall mit Bretterwänden geschlossen, von hölzernen Einbauten aller Art durchzogen, mit den leichtesten Stoffen decorirt und mit einer ungeheuren, im Grunde ganz überflüssigen façade geschmückt aus Holz und Leinwand, die einen Eisenkern umhüllen.

Die feuersgefahr würde bei einem klaren Grundriß nicht soviel auf sich haben; würde auch nicht so bedrohlich erscheinen bei einem Gebäude, das von allen Seiten frei im Park läge und schnell disponible zahlreiche Nothausgänge besäße. Die Antwerpener Ausstellung hat jedoch einen ganz verworrenen Grundriß, hat an der ganzen langen Rückseite nur einen einzigen Ausgang, an der langen Vorderseite zu wenige, und soviel ich erfahren konnte, gar keine Noththüren. Der' Gedanke, es könnte in ihren Räumen eine Panik entstehen, läßt sich nicht ausdenken. Wir halten es für unsere Pflicht, die Uebelstände einer eingehenden Betrachtung zu unterziehen.

Erst nach wiederholtem Besuch und aufmerksamem Studium des Planes kann sich der Besucher zurechtfinden und schwebt doch in jedem Augenblick in

Gefahr, die Richtung zu verlieren, namentlich jetzt, wo er noch durch die Seiteneingänge allein Zutritt erhält.

Daran wird sich auch nicht viel ändern, wenn der Haupteingang erst frei liegt, denn man hat bei der Anlage den schweren Fehler begangen, zu Gunsten eines wirkungsvollen Anschlusses der Façade an die mächtige Linie der Avenue du Sud einen völlig unregelmäßigen Grundriß zuzulassen.

Das Ausstellungsterrain hat ungefähr die Form eines Flügels, dessen Spitze die Avenue schneidet, so daß die Hauptmasse außerhalb ihrer Achse liegt. Von dem Augenblick, wo die Façade auf die Avenue orientirt wird, mußte die Anlage aus dem Gleich= gewicht gerathen. Nun kommt hinzu, daß von der Rückseite her ältere Bauten in das Terrain ein= schneiden. Vor diesen muß der eine Flügel des Aus= stellungsgebäudes beträchtlich in den Ausstellungspark hinein ausweichen. So hat der Grundriß des Hallen= complexes die Gestalt eines alten kurzen Schlüssels erhalten, mit mannigfach gezacktem Bart, kurzer, dicker Führung und breitem Griff. An der Rückseite des Bartes liegt die auf die Avenue orientirte Façade.

Man sieht, es läßt sich kaum ein Grundriß denken, der eine klare Achsengliederung, deren Consequenz sich

jedem Besucher aufzwingt, so sehr erschwert. Und es
ist doch wahrhaftig kein Geheimniß, daß sich die große
Menge der Ausstellungsfahrer ohne Bewußtsein von
Raum und Richtung sich als willenlose Masse wie
ein Strom durch die Hallen wälzt. Ein Schreck,
und sie ist bereit, dem wahnwitzigsten Impulse nach=
zugeben. Die Gewährleistung schnellster Orientirung
bleibt die wichtigste Anforderung an den Grundriß.
In der Antwerpener Ausstellung ist Alles Wirrsal.
Selbst wenn man den Plan vollkommen beherrscht,
was einer besonderen Anstrengung bedarf, passirt
es einem alle Augenblicke, daß man die Richtung
suchen muß. Im Griff — wenn ich das Bild des
Schlüssels beibehalten darf — sind die Säle anders
orientirt als im Bart, und sogar die mittlere Quer=
achse drängt sich nicht von selbst auf, man muß sie
erst suchen, besonders so lange man nur von der Seite
eintritt. Weder die Decoration noch die Aufstellung
wirken dem Fehler der Anlage genügend entgegen.
Erstere befleißigt sich fast überall einer verwirrenden
Fülle kleiner Details an Draperien, Fahnen, Stangen
und Schnitzwerk, letztere, von der Willkür der Privaten
abhängig, was einmal nicht zu ändern ist, hat von
vornherein die Neigung zum Absonderlichen, Auf=
und Herausfallenden. Nur in wenigen Abtheilungen,

wie in der französischen und russischen, hat man sich
angelegen sein lassen, einfache, ruhige Wirkungen zu
erzielen. Alles Uebrige ist vollgestopft, so daß häufig
die Bewegung schwer fällt. Es ist nicht einmal Rück=
sicht darauf genommen, die Ausgänge frei zu halten.
Man kann dicht an ihnen vorbeigehen, ohne ihrer
gewahr zu werden. Namentlich der Ausgang in der
belgischen Abtheilung ist schwer zu finden.
So zieht ein Uebel das andere nach sich. Die
vornehme, aber überflüssige Façade als Abschluß der
Avenue zwingt zu einer irrationalen Verschiebung der
Massen und führt damit zu einem der ermüdendsten
und gefährlichsten Grundrisse, die uns begegnet sind.

*　*　*

Ueber die innere Ausstattung zu schreiben, wird
einem Deutschen besonders schwer, weil er von einer
gründlichen Demüthigung seines Landes zu berichten
hat. Wir haben alle Fehler begangen, in die man
bei der Gelegenheit verfallen kann. Die Decoration
ist durchaus ärmlich, zum Theil von unglaublicher
Geschmacklosigkeit, zum Theil — ein schwerer Fehler
— ist sie von den Ausstellungsgegenständen nicht ohne

Weiteres zu unterscheiden. Die Aussteller haben nur
selten eine imposantere Wirkung erreicht und sich
durchweg in kleinlichen Arrangements verzettelt, die
von der großen Mehrheit der Besucher gar nicht
mehr gesehen werden. Das geschlossene Vorgehen
verwandter Gruppen zu einheitlich ausgestatteten Ge=
sammtausstellungen scheint den Deutschen ein Geheimniß
geblieben zu sein.

Die Sache nähme sich vielleicht nicht so schlimm
aus, wenn wir nicht die Franzosen zu Nachbarn
hätten. Was sie praktisch in der Fürsorge für leichte
Orientirung, in der Fernhaltung alles Zerstreuenden
geleistet haben, steht auf gleicher Höhe mit dem sichern
Geschmack der Decoration und des Arrangements
ihrer Abtheilung. Sie scheinen bisher die einzigen,
die auf den Weltausstellungen etwas gelernt haben.
Sie machen nirgend den Versuch, durch weithergeholte
bizarre Einfälle, durch Symbole und Allegorien, durch
Anspielungen auf nationale Lieder, Sagen und Sitten
auffallen zu wollen, die der Ausländer gar nicht oder
nur halb versteht und in jedem Fall belächelt — wir
müssen uns das in unserer Abtheilung gefallen lassen.
Alles ist streng sachlich bei den Franzosen, nirgend
ein Zuviel, eine überflüssige Zuthat. Namentlich kein
Kokettiren mit einem nationalen Stil. Doch dies

kommt vielleicht daher, daß die Franzosen seit drei=
hundert Jahren etwas wie einen eigenen Stil besitzen,
dessen Continuität trotz aller neu aufgenommenen
Elemente doch nie in dem Grade unterbrochen wurde
wie bei andern Völkern. Nichts pflegt den Neuling
in Paris so sehr zu verblüffen wie seine ersten Ver=
suche, Bauten zu datiren. Welch eine Ueberraschung,
zu entdecken, daß unter Napoleon I. der absolute
Classicismus sich in den Louvrebauten ohne Weiteres
dem Stil des sechzehnten Jahrhunderts anschließt!
So trägt die Decoration der französischen Abtheilung
in Antwerpen den Character des Selbstverständlichen.
Aus all dem übrigen Wirrwarr sucht man immer
wieder Beruhigung bei den Franzosen.

Das Prunkstück innerhalb der französischen Ab=
theilung bildet der große Saal mit der Ausstellung
der Staatsmanufacturen. Auf seine Ausstattung ist
die größte Sorgfalt verwendet, es ist der einzige Raum
der ganzen Ausstellung, in dem man sich wirklich
wohl fühlt.

Ich bin nicht müde geworden, bei jedem Besuche
zu ihm zurückzukehren und den Mitteln nachzugehen,
durch die ein so einheitlicher, geschlossener Eindruck
erreicht wird. Er liegt nicht, wie das Prunkstück der
österreichischen Ausstellung, in einer Verkehrsachse,

der große Strom fließt an beiden Seiten vorüber. Große Oeffnungen gestatten von hier den Einblick in einen riesigen Saal mit völlig geschlossenen Wänden. Schon dieser Anblick hat etwas Be= ruhigendes inmitten des Tohuwabohu, wo überall die Nachbarschaft ablenkend mitspricht. Die Längs= wände zeigen nirgend eine Thür= oder Fensteröffnung; die Seitenwände sind nur von einer großen Thür= öffnung durchbrochen, doch wird diese nach dem Hauptkorridor von zwei hohen Fensteröffnungen be= gleitet, die den Einblick gestatten, ohne dem Innern den Character des geschlossenen Raumes zu nehmen. Rothe Vorhänge — nicht aus Juteplüsch oder irgend einem prunkenden Stoff! — machen den Saal behaglich, ohne selber aufzufallen. Ruhig und vor= nehm wirken die großen, mit rothem Stoff aus= gekleideten Wandflächen; einfache graubraune Cocos= matten decken den Boden, nur daß rothe Läufer die Wege markiren. In der Mitte laden eine Reihe bequemer, einfacher Divans zum behaglichen Genuß ein. Hie und da steht in einer Sèvresvase eine lebende Blattpflanze. Auch mit diesem freundlichen Motiv ist weise Maaß gehalten. Wir wissen ja aus mancher Erfahrung, wie leicht sich grüne Pflanzen, so hübsch sie sich ausnehmen, vordrängen und jede

Totalwirkung stören. Farbiger Schmuck ist erst
oberhalb der rothen Wandfläche angebracht, so hoch,
daß er das Auge nicht von der Betrachtung der
Ausstellungsgegenstände abzieht. Es ist derselbe
kräftige Fries, dessen Schilder mit dem Monogramm
der Republik überall die französische Abtheilung
hervorheben. Die Mittel sind, wie man sieht, außer=
ordentlich bescheiden, und jetzt, wo ich sie aufzähle, kann
ich mich des Gefühls der Verwunderung nicht
erwehren, daß mit so wenigem so viel erreicht ist.
Das Geheimniß liegt in der gediegenen Sachlichkeit
bei unbedingter Unterordnung der Decoration.

Derselbe vornehme Tact verräth sich in der Aus=
wahl und Anzahl der ausgestellten Objecte, wie in
ihrer Vertheilung. An den Wänden hängen einige
Meisterwerke der Teppichwirkerei aus den Staats=
fabriken der Gobelins und von Beauvais, herrliche
Landschaften und wunderschöne Blumenstücke. Darunter
breiten sich auf goldenen Pfeilertischen, auf Einzel=
postamenten und in einfachen schwarzen Schränken die
Prunkstücke der Porcellanmanufactur aus. Auch hier
nur wenig Einzelstücke, gerade genug, um den großen
Raum nicht leer erscheinen zu lassen, und nicht so
viel, um zu verwirren oder zu ermüden. Auf die
Abwechselung in Farbe und Form, auf den Gegensatz

des figürlichen zum Geräth ist beständig Rücksicht
genommen. Was man im Einzelnen, namentlich in
coloristischer Beziehung, vermissen mag, der Gesammt-
effect, auf den es uns hier ankommt, ist ein ganz
außerordentlicher, ohne irgendwo nur im mindesten
aufdringlich zu werden.

II.

Zwar steht der Saal der französischen Staatsmanufacturen an geschlossener vornehmer Wirkung
selbst in der französischen Abtheilung unerreicht, aber
doch haben hier verschiedene Industrien sich zu gemein=
samer Gruppirung verbunden, und trotz der hohen
Platzmiethe haben zum wenigsten die großen Firmen
in weiten Räumen nur wenige Gegenstände auf=
gestellt. Dies fällt namentlich bei den Thonwaaren
angenehm auf. Die Seidenindustriellen von Lyon
haben gemeinsam einen rechteckigen mit abgestumpften
Ecken versehenen Saal ausgestattet. Nur zwei Ein=
gänge führen hinein, hohe schwarze Glasschränke
eines Modells umgeben die Wände, ein Glasschrank
derselben Form bezeichnet die Mitte, an geeigneten
Punkten ist für Ruheplätze gesorgt, Rundsitze, deren
Mitte eine schöne Broncestatue krönt. Die Namen
der Aussteller sind in gleichmäßiger goldener Schrift
über den Schrankthüren angebracht, eine sorgsame
Berechnung hat die farbigen Stoffe vertheilt, so daß

die Massen überall im Gleichgewicht bleiben. Alles
überaus einfach und würdig, aber mit dem sichersten
Geschmack angeordnet. Und wie angenehm berührt
die Abwesenheit jeder Vordringlichkeit des Einzelnen.
Es ist, als gäbe es unter den Ausstellern gar keine
Concurrenz, so gleichmäßig ist alles in's Licht gerückt.
Manchem mag es schwer genug angekommen sein,
in Reih und Glied zu treten. Wie die Gesammt-
ausstellung dasteht, übt sie neben der ästhetischen
Wirkung eine moralische aus, der man sich nicht entziehen kann.

In einer Ecke der französischen Abtheilung ist
unter dem Schutze der Republik ein Saal mit
tunesischen Erzeugnissen etablirt. Es sind meist einfache Rohproducte an Stoffen aller Art, mancherlei
bunter Tand und eine Auswahl schöner Gesteine zu
Vasen, Sockeln und Säulen verarbeitet. Ein Material,
mit dem sich eigentlich nicht viel anfangen läßt. Die
Kunst des Decorateurs hat auch hier ein originelles
Prachtstück fertig gebracht. Nach dem Hauptgange
öffnet sich der Saal mit zeltartig überdachten Thüren
und Fenstern, den Mittelpunkt des Arrangements
bildet ein prächtiges Repräsentationsbild des Bey, und
rund umher sind die etwas armseligen, aber immerhin
farbigen Producte zu lustigen Gruppen vereint. Wer

12*

würde ohne dies Arrangement auch nur eine Er=
innerung mitnehmen?

Wir wollen die übrigen Leistungen der französischen
Aussteller nicht weiter heranziehen. Im Princip sind
ihre Arrangements überall dieselben: Strenge Sachlich=
keit, Ausschluß jeder Art von überflüssiger, zerstreuender
Spielerei in der Ausstattung, Unterordnung der
Decoration bei allem Raffinement ihrer Durchbildung,
Abscheu vor banalem, billigem Prunk, geschlossenes
Auftreten verwandter Industrien: das sind die Mittel
— von dem Standpunkte der meisten übrigen Nationen,
auch von dem unsern hieße es besser: die Geheim-
nisse — eines Erfolges der bloßen Ausstattung,
der alles Andere weit hinter sich zurückläßt.

Er ist jedoch nur die glänzende Folie für die
großartigen Leistungen der französischen Industrie.
Ob sie in den Schatten treten würde, wenn die
übrigen Völker nicht durchweg Mittelgut, sondern
ebenfalls ihr Bestes gesandt hätten? Wir glauben
es nicht. Was vermöchten wir den Meisterwerken
der französischen Luxusindustrie an die Seite zu setzen?
Ihre künstlerische Ausbildung ruht eben vorläufig
noch auf anderer Grundlage als bei uns.

* * *

Wenn in Deutschland von der Entwickelung der Industrie gesprochen wird, so pflegen kaum andere Momente in Frage zu kommen als die Ausbildung der Gewerbtreibenden und der Export. Von der Erziehung eines kunstsinnigen Käufers daheim ist nie die Rede, irgend welche ernsthaften Versuche dazu sind bis jetzt nicht gemacht.

Und dennoch ist der inländische Markt bei der Entwicklung aller Kunst die Hauptsache; für eine Industrie, die sich auf den Bedarf des Exports gegründet hätte, liefert uns die Geschichte kein Beispiel. Der Export war von jeher die Prämie jeder innerhalb einer selbstständigen Nationalität erwachsenen Leistung. Er schmiegt sich zu allen Zeiten in Aeußerlichkeiten dem Bedürfniß des fremden Consumenten an, liefert ihm überladene, derbere Waare, hat aber nie und nirgend die Anregung zu originaler Production gegeben. Auch in Zukunft wird sich das nicht ändern, trotz der Leichtigkeit und Schnelligkeit des Verkehrs. Jede höchste Leistung wurzelt im Volksthum.

Wir sollten deshalb nicht immer wieder den Export voranstellen. Die Erkenntniß, es sei im eigenen Lande für jede Luxusindustrie am meisten zu erwerben, scheint noch nicht durchgedrungen zu sein. Bewußt

oder unbewußt jagen wir dem Ideal des Exports
nach und verabfäumen das Nächstliegende. Sollte
der Hang zur Unfolidität, den man unferer modernen
Production fo oft und mit Recht vorgeworfen hat,
nicht auch das Seinige zu diefem Verkennen der wirk=
lichen Sachlage beitragen? Für die Exportwaare
kommt es ja fo genau nicht darauf an! Wahrhaftig,
man follte wünfchen, daß uns einmal für eine Reihe
von Jahren die Ausfuhr fo fchwer gemacht würde,
daß wir endlich einmal den Markt im eigenen Lande
zu pflegen gezwungen wären. Der Export wird fich
ganz von felber einstellen, fobald wir aus uns heraus
und für uns Gediegenes und Originelles fchaffen.
Wenn wir, wie bisher, dem Export in allen Er=
wägungen das laute Wort laffen, bleibt er das ftärkste
Hinderniß des felbstftändigen Fortfchritts.

Freilich fehlt es uns vorläufig noch am Beften:
wir befitzen kein Publicum mit felbstftändigem Ge=
fchmack. Der gebildete Deutfche hat, zählbare Aus=
nahmen abgerechnet, keine Ahnung von bildender
Kunst. Er befitzt claffifche Bildung, ist in der
Literatur Englands und Frankreichs fo gut und oft
beffer zu Haufe wie in feiner eigenen, verfügt außer=
dem über eine weitfchichtige Fachbildung. Aber einem
Kunstwerk gegenüber ist er fo gut wie blind. Wer

sich aus diesem Zustande als Mann herauszu=
reißen versucht hat, wird am besten das Quantum
ernsthafter Arbeit und Zeit beurtheilen können, das
zur Erlangung der Fähigkeit, künstlerische Eigen=
schaften zu empfinden, erforderlich ist.

In der vergangenen Periode trat dies nicht so zu
Tage. Wir waren zu arm, um uns im Hause
besondern Luxus zu gestatten, und vom Kunstwerk
jeder Gattung, auch im Kunstgewerbe, verlangte der
Zeitgeist zu allererst eine Idee. Für die Kunst=
geschichte wie für das Kunstgenuß suchende Publicum
existirten eigentlich nur die Epochen, bei deren Erzeug=
nissen sich etwas denken und möglichst viel reden ließ.
Dann kamen die Tage der Kritik, kam in ihrem
Gefolge die Ausbildung der Architekten und Gewerbe=
treibenden nach den Grundsätzen einer neuen Er=
kenntniß. Aber es wurde für das Volk geschaffen,
nicht aus ihm heraus, und dabei ging die Ent=
wickelung mit Riesenschritten. Der Käufer allein
blieb zurück, er weilte mit seinen Gedanken und
Empfindungen, mit seiner Bedürfnißlosigkeit in allen
künstlerischen Dingen noch in der verflossenen Epoche.
Vor uns haben wir jetzt das Schauspiel eines
erfinderischen, gebildeten Producenten, der in fiebernder
Hast sich selbst überbietet, gegenüber einem vollkommen

rath- und hülflosen Consumenten, dem die Geschichte
über den Kopf gewachsen ist.

Am unmittelbarsten offenbart sich diese Unselbst=
ständigkeit des deutschen Käufers in den Formen, die
bei uns der Geschäftsverkehr angenommen hat. Dies
zu beobachten, hat mich oft genug erbittert. Selbst
dem vornehmsten Publicum gegenüber ist der erste
Grundsatz des Verkäufers das Ueberreden und Auf=
schwatzen, mindestens das Zureden. Man ist noch
dankbar dafür, denn man empfindet gar nicht, welch
eine Demüthigung darin liegt. In den großen
Städten, die von Ausländern häufiger besucht werden,
unterscheidet der gewitzigte Geschäftsinhaber strenge
zwischen dem Franzosen, dem Engländer und dem
Einheimischen. Ausländern gegenüber wendet er eine
ganz andere Praxis an, vor Allem hütet er sich,
ihrem eigenen Urtheil vorgreifen zu wollen. Der
gebildete Engländer, dessen Empfindung im Ganzen
etwas höher steht als die des Deutschen, dessen
Aristokratie oft den feinsten Kunstgeschmack besitzt,
hält auf alle Fälle auf sein eigenes Gutbefinden.
Er ist nicht mittheilsam, sieht sich um, ohne viel zu
reden, und kauft oder kauft nicht. Für den gebildeten
Franzosen gehört selbstständiger Geschmack zur Er=
ziehung. Er wächst in einer Atmosphäre auf,

welche ihm die Elemente unbewußt mittheilt. Ihm
pflegen nicht, wie bei uns die Dinge es mit sich
bringen, zu irgend einer Zeit plötzlich die Augen auf-
zugehen. Kommt er in einen Laden, so weiß er —
wie oft setzt es in Deutschland den Inhaber in Er-
staunen — ganz allein die wenigen Gegenstände zu
finden, auf die es ankommt. Er geräth auch nicht
in Entsetzen über die Preise, denn er weiß den Werth
der Kunstleistung zu beurtheilen. Das unvermeid-
liche „So viel!" des deutschen Käufers, dem selbst,
wenn er über große Mittel verfügt, jeder Maßstab zu
fehlen pflegt, kommt im Vocabularium des Franzosen
nicht vor. Er ist mittheilsam und leicht enthusiasmirt,
so daß beim deutschen Verkäufer, der vielleicht viel mehr
Umstände durch ihn gehabt, als der Gewinn aus der
schließlich abgesetzten Waare rechtfertigen mag, doch am
Ende das Gefühl überwiegt, einen schätzbaren Besuch
empfangen und etwas gelernt zu haben. Umgekehrt
pflegt uns in einem französischen Kunstgeschäft die
angenehme, von jeder Aufdringlichkeit freie Form des
Verkehrs wohlthuend zu berühren, die durchaus nicht
allein auf den feiner durchgebildeten französischen
Umgangsformen beruht, sondern in demselben Maße
ein Product der Selbstständigkeit des Käufers ist, die
ihm völlige Freiheit der Bewegung gestattet.

Es kommt hinzu, daß jeder einigermaßen wohl-
habende Franzose ein Bedürfniß nach Kunstbesitz
hegt, während man bei uns nur leider zu häufig
erleben muß, daß sich der gediegenste Reichthum arm
fühlt, sobald an ihn die Anforderung herantritt, für
die Kunst eine Ausgabe zu machen. Es ist, glaube
ich, weder Affectation noch böser Wille, wenn die
deutsche Millionairin, die für ein Diner ohne Bedenken
einige tausend Mark ausgiebt, in Schrecken geräth, daß
für eine Bronce, die sie verschenken möchte, zwei-
hundert Mark gefordert wird, und sich schließlich mit
der Bemerkung abfindet: das ist nur etwas für reiche
Leute. Sie spricht in gutem Glauben aus der
latenten Auffassung, daß nur der allergrößte Besitz
eine Ausgabe für die Kunst rechtfertige. Es fehlen
ihr eben Verständniß und Bedürfniß. Als Französin
würde sie wenig Anstoß nehmen, für eine Kamin-
garnitur zwanzigtausend, für einen Kronleuchter
dreißigtausend, für einen Schrank mit feincifelirten
Beschlägen sechzigtausend Franken zu geben. Konnte
man doch schon im vergangenen Jahrhundert bei
Pariser Decorateuren die Stühle und Tische für ein
Zimmer (alles, was die Wand betraf, ging den
Architekten an!) bis zu dreißigtausend Franken vor-
räthig finden.

Daß es so schlimm nicht von jeher bei uns stand, mag uns mit Trauer über den Verlust erfüllen, giebt uns aber zugleich Hoffnung für die Zukunft. Freilich haben wir einen langen Weg zurückzulegen, ehe wir uns mit dem französischen Volk messen können. Gelehrte Bildung bietet keinerlei Unterlage für künst= lerisches Verständniß. Bei den Franzosen ist die künst= lerische Bildung eines jener beneidenswerthen Erbstücke der vornehmen müßigen Gesellschaft des achtzehnten Jahrhunderts. Was wir heute bei allen Gebildeten mit Bewunderung wahrnehmen, fand sich schon da- mals bei den feinsinnigen Sammlern. Wo hätte es um die Mitte des vergangenen Jahrhunderts einen Gelehrten und Weltmann gegeben, der mit so sicherem Urtheil und so subtiler Analyse von italienischer Kunst gesprochen hätte, wie der Präsident de Brosses in seinen liebenswürdigen Briefen aus Italien?

Sobald wird sich auch bei uns nichts daran ändern. Das Kritisiren, der Tod aller Genußfähigkeit, steckt uns zu tief im Blut. Dann hält es auch ungemein schwer, Mittel und Wege zu finden, den besitzenden Classen Kunstbedürfniß und Kunstverständniß beizubringen. Mit Vorträgen, mit Journalartikeln ist nicht viel auszurichten. Wichtiger wäre der unmittelbare Einfluß des Producenten, wenn der nur

immer selber eine Ahnung hätte, worauf es
ankommt.

Sollen wir Angesichts der Schwierigkeit die Hände
in den Schooß legen, uns mit der Erziehung der
Architekten und Handwerker begnügen und im
Uebrigen der Sache ihren Lauf lassen? Ich glaube
es nicht. Es wäre schon unendlich viel gewonnen,
wenn in der Bildung der Lehrer das künstlerische
Moment eine Rolle spielte, das jetzt gänzlich aus=
geschlossen ist. Wer von uns hat nicht an sich
erfahren, wie nach einer oder der andern Richtung die
Begeisterung eines Lehrers ihm eine für alle Zeit
anhaltende Anregung gegeben hat? Durch die Hände
der Lehrer gehen alle kommenden Geschlechter.
Gelegenheit, künstlerische Anschauung zu wecken, giebt
es bei den mannigfachen Disciplinen tausendfach,
selbst wenn die Schule, die in ihrer völligen Rath=
losigkeit vor dem Umfang des modernen Wissens
womöglich alles aufnehmen möchte, sich sobald nicht
entschließen kann, Ballast über Bord zu werfen, von
dem sie so viel hat, und der Kunstanschauung
(nicht Geschichte) einen Platz einzuräumen. Es
kommt nicht auf die Fülle des verarbeiteten
Stoffes an, sondern auf den richtigen Anstoß im
richtigen Augenblick. Es braucht nur die Sehnsucht

gewedt zu werden, dann findet sich das Weitere
von selbst.

     *   *   *

So wenig wie bei der französischen Industrie liegt
bei irgend einer andern das Bedürfniß vor, gelegent=
lich dieser Ausstellung auf Einzelheiten einzugehen.
Die deutsche Abtheilung leidet, wie wir schon in
unserem ersten Artikel betonten, an dem Fernbleiben
gerade der großen Industrien — wie matt erscheint
beispielsweise das Schmiedeeisen, in dem wir hinter
keiner andern Nation zurückstehen —, an der Unruhe
und Zersplitterung des Arrangements und nicht zum
wenigsten an der geschmacklosen Decoration. Wir
wollen, was die Decoration des Hauptraumes an=
langt, von den tiefhängenden weißen Draperien, über
die sich schmale, viel zu schmale blaue ärmliche Vorhänge
senken, nicht reden, obgleich sie verschwenderisch mit
dem stolzen Adler des Reichs geschmückt sind. Auch die
jämmerlichen Holzbauten vor den Pfeilern mit allerlei
bunten Malereien aus deutscher Sage und Sitte darin
— man muß sich bei solchen Spielereien immer erst
überlegen, ob sie Decorations= oder Ausstellungs=
gegenstand sind — wollen wir nur als Thatsache er=
wähnen. Schade, daß dies alles zum Gegenüber die
festliche und doch ganz sachgemäße Decoration der

franzofen hat. In den Seitenhallen reichten die Mittel des deutfchen Decorateurs nicht weiter als zu rothvioletten Stricken, die lofe in das Eifenwerk gehängt find.

Wir können angefichts diefer Armfeligkeit die frage nicht unterdrücken, ob dergleichen unter dem Adler des Reiches gefchehen darf? Wir meinen, das Reich müffe entweder die Mittel geben oder den officiellen Character ftreichen. Wie die Sachen liegen, kann der Uneingeweihte in Antwerpen abfolut nicht erkennen, daß es fich in der deutfchen Abtheilung, die den Adler noch auffallender zur Schau trägt, als die franzöfifche das Monogramm der Republik, um eine Privat= veranftaltung mit unzulänglichen Mitteln handelt.

Daß wir bei diefer Ausftellung auf einen Erfolg für Deutfchland nicht rechnen konnten, ftand von vornherein feft. Wir wollen uns auch nicht lange darüber grämen. Aber wir follten endlich einmal gelernt haben, entweder fo wohlgerüftet, wie wir vermögen, oder lieber gar nicht auf Ausftellungen zu erfcheinen, wenigftens nicht unter allen äußeren formen der Betheiligung des Reiches.

1885

www.ingramcontent.com/pod-product-compliance
Lightning Source LLC
Chambersburg PA
CBHW030834270326
41928CB00007B/1039